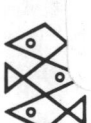

Dieser Taschenbuchedition liegt die Kritische Ausgabe der Werke von Franz Kafka zugrunde. Sie wurde anhand der Originalmanuskripte erarbeitet und bietet die authentischen, oft fragmentarischen Texte unter Beibehaltung von Orthographie und Zeichensetzung. »Mag die Interpunktion auf den ersten Blick auch willkürlich erscheinen, weil man die Anwendung der erlernten Regeln vermißt, so erkennt man doch ihre Konsequenz, sobald man mit Hilfe des Ohrs zu lesen beginnt. Denn Kafkas Zeichensetzung dient nicht so sehr der Verdeutlichung der grammatischen Struktur als vielmehr der leichteren Erfassung ihres Sinnes und der Markierung von Rhythmus und Tonfall.« (Malcolm Pasley)

Dieser dritte von vier Bänden mit Schriften aus dem Nachlaß enthält Texte aus den Jahren 1919 bis 1922, deren bekanntester der ›Brief an den Vater‹ ist, den Kafka im November 1919 in Schelesen schrieb. Die Sammlung dieses Bandes folgt, im Gegensatz zu den Editionen Max Brods, den chronologisch geordneten Manuskripten.

Franz Kafka wurde am 3. Juli 1883 als Sohn jüdischer Eltern in Prag geboren, der Stadt, in der er nahezu sein ganzes Leben verbrachte. Nach Schulbesuch und Jurastudium, das er 1906 mit der Promotion abschloß, absolvierte er zunächst ein einjähriges Rechtspraktikum, bevor er 1907 in die Prager Filiale der *Assicurazioni Generali* und 1908 schließlich in die *Arbeiter-Unfall-Versicherungs-Anstalt* eintrat, deren Beamter er bis zu seiner frühzeitigen Pensionierung im Jahre 1922 blieb. Im Spätsommer 1917 erlitt Franz Kafka einen Blutsturz; es war der Ausbruch der Tuberkulose, an deren Folgen er am 3. Juni 1924, noch nicht 41 Jahre alt, starb.

Franz Kafka
Gesammelte Werke in zwölf Bänden

Nach der Kritischen Ausgabe
herausgegeben von Hans-Gerd Koch

Franz Kafka
Zur Frage der Gesetze

und andere Schriften aus dem Nachlaß

in der Fassung der Handschrift

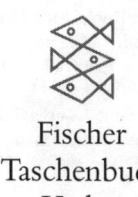

Fischer
Taschenbuch
Verlag

Textgrundlage dieses Bandes
sind die Seiten 141–370 des Bandes
Franz Kafka, ›Nachgelassene Schriften und Fragmente II‹, Kritische Ausgabe,
herausgegeben von Jost Schillemeit,
Frankfurt am Main: S. Fischer Verlag 1992.

Veröffentlicht im Fischer Taschenbuch Verlag GmbH,
Frankfurt am Main, November 1994

Satz: Fotosatz Otto Gutfreund GmbH, Darmstadt
Druck und Bindung: Clausen & Bosse, Leck
Printed in Germany
ISBN 3-596-12447-6

Gedruckt auf chlor- und säurefreiem Papier

Zur Frage der Gesetze
und andere Schriften aus dem Nachlaß

Wer einmal scheintot gewesen ist, kann davon Schreckliches erzählen, aber wie es nach dem Tode ist, das kann er nicht sagen, er ist eigentlich nicht einmal dem Tode näher gewesen als ein anderer, er hat im Grunde nur etwas Besonderes ›erlebt‹ und das nicht besondere, das gewöhnliche Leben ist ihm dadurch wertvoller geworden. Ähnlich ist es mit jedem, der etwas Besonderes erlebt hat. Moses zum Beispiel hat auf dem Berge Sinai gewiß etwas ›Besonderes‹ erlebt, aber statt sich diesem Besonderen zu ergeben, etwa wie ein Scheintoter, der sich nicht meldet und im Sarg liegen bleibt, ist er den Berg hinunter geflüchtet und hatte natürlich Wertvolles zu erzählen und liebte die Menschen, zu denen er sich geflüchtet hatte, noch viel mehr als früher und hat dann sein Leben ihnen geopfert, man kann vielleicht sagen, zum Danke. Von beiden aber, vom zurückgekehrten Scheintoten und vom zurückgekehrten Moses kann man viel lernen, aber das Entscheidende kann man von ihnen nicht erfahren, denn sie selber haben ⟨es⟩ nicht erfahren. Und hätten sie es erfahren, so wären sie nicht mehr zurückgekommen. Aber wir wollen es auch gar nicht erfahren. Das läßt sich daran überprüfen, daß wir zum Beispiel gelegentlich den Wunsch haben können, das Erlebnis des Scheintoten oder das Erlebnis des Moses bei Sicherstellung der Rückkehr, ›bei freiem Geleit‹ zu erleben, ja daß wir sogar den Tod uns wünschen, aber nicht einmal in Gedanken wollten wir lebend und im Sarge ohne jede Möglichkeit der Wiederkehr oder auf dem Berge Sinai bleiben ...

(Das hat nicht eigentlich etwas mit Todesangst zu tun ...)

Liebster Vater,   Schelesen
        Du hast mich letzthin einmal gefragt, warum
ich behaupte, ich hätte Furcht vor Dir. Ich wußte Dir, wie
gewöhnlich, nichts zu antworten, zum Teil eben aus der
Furcht, die ich vor Dir habe, zum Teil deshalb, weil zur
Begründung dieser Furcht zu viele Einzelnheiten gehören, als
daß ich sie im Reden halbwegs zusammenhalten könnte.
Und wenn ich hier versuche Dir schriftlich zu antworten, so
wird es doch nur sehr unvollständig sein, weil auch im
Schreiben die Furcht und ihre Folgen mich Dir gegenüber
behindern und weil überhaupt die Größe des Stoffs über
mein Gedächtnis und meinen Verstand weit hinausgeht.

    Dir hat sich die Sache immer sehr einfach dargestellt,
wenigstens soweit Du vor mir und, ohne Auswahl, vor
vielen andern davon gesprochen hast. Es schien Dir etwa so
zu sein: Du hast Dein ganzes Leben lang schwer gearbeitet,
alles für Deine Kinder, vor allem für mich geopfert, ich habe
infolgedessen »in Saus und Braus« gelebt, habe vollständige
Freiheit gehabt zu lernen, was ich wollte, habe keinen Anlaß
zu Nahrungssorgen, also zu Sorgen überhaupt gehabt; Du
hast dafür keine Dankbarkeit verlangt, Du kennst »die Dankbarkeit der Kinder«, aber doch wenigstens irgendein Entge-
genkommen, Zeichen eines Mitgefühls; statt dessen habe ich
mich seit jeher vor Dir verkrochen, in mein Zimmer, zu
Büchern, zu verrückten Freunden, zu überspannten Ideen;
offen gesprochen habe ich mit Dir niemals, in den Tempel bin
ich nicht zu Dir gekommen, in Franzensbad habe ich Dich nie
besucht, auch sonst nie Familiensinn gehabt, um das Geschäft

und Deine sonstigen Angelegenheiten habe ich mich nicht gekümmert, die Fabrik habe ich Dir aufgehalst und Dich dann verlassen, Ottla habe ich in ihrem Eigensinn unterstützt und während ich für Dich keinen Finger rühre (nicht einmal eine Teaterkarte bringe ich Dir) tue ich für Fremde alles. Faßt Du Dein Urteil über mich zusammen, so ergibt sich, daß Du mir zwar etwas geradezu Unanständiges oder Böses nicht vorwirfst (mit Ausnahme vielleicht meiner letzten Heiratsabsicht), aber Kälte, Fremdheit, Undankbarkeit. Undzwar wirfst Du es mir so vor, als wäre es meine <u>Schuld</u>, als hätte ich etwa mit einer Steuerdrehung das Ganze anders einrichten können, während Du nicht die geringste Schuld daran hast, es wäre denn die, daß Du zu gut zu mir gewesen bist.

Diese Deine übliche Darstellung halte ich nur soweit für richtig, daß auch ich glaube, Du seist gänzlich schuldlos an unserer Entfremdung. Aber ebenso gänzlich schuldlos bin auch ich. Könnte ich Dich dazu bringen, daß Du das anerkennst, dann wäre – nicht etwa ein neues Leben möglich, dazu sind wir beide viel zu alt, aber doch eine Art Friede, kein Aufhören, aber doch ein Mildern Deiner unaufhörlichen Vorwürfe.

Irgendeine Ahnung dessen, was ich sagen will, hast Du merkwürdiger Weise. So hast Du mir z. B. vor Kurzem gesagt: »ich habe Dich immer gern gehabt, wenn ich auch äußerlich nicht so zu Dir war wie andere Väter zu sein pflegen, eben deshalb weil ich mich nicht verstellen kann, wie andere«. Nun habe ich, Vater, im Ganzen niemals an Deiner Güte mir gegenüber gezweifelt, aber diese Bemerkung halte ich für unrichtig. Du kannst Dich nicht verstellen, das ist richtig, aber nur aus diesem Grunde behaupten wollen, daß die andern Väter sich verstellen, ist entweder bloße, nicht weiter diskutierbare Rechthaberei oder aber – und das ist es meiner Meinung nach wirklich – der verhüllte Ausdruck dafür, daß zwischen uns etwas nicht in Ordnung ist und daß Du es mitverursacht hast, aber ohne Schuld. Meinst Du das wirklich, dann sind wir einig.

Ich sage ja natürlich nicht, daß ich das, was ich bin, nur durch Deine Einwirkung geworden bin. Das wäre sehr übertrieben (und ich neige sogar zu dieser Übertreibung.) Es ist sehr leicht möglich, daß ich, selbst wenn ich ganz frei von Deinem Einfluß aufgewachsen wäre, doch kein Mensch nach Deinem Herzen hätte werden können. Ich wäre wahrscheinlich doch ein schwächlicher, ängstlicher, zögernder, unruhiger Mensch geworden, weder Robert Kafka, noch Karl Hermann, aber doch ganz anders, als ich wirklich bin und wir hätten uns ausgezeichnet mit einander vertragen können. Ich wäre glücklich gewesen, Dich als Freund, als Chef, als Onkel, als Großvater, ja selbst (wenn auch schon zögernder) als Schwiegervater zu haben. Nur eben als Vater warst Du zu stark für mich, besonders da meine Brüder klein starben, die Schwestern erst lange nachher kamen, ich also den ersten Stoß ganz allein aushalten mußte, dazu war ich viel zu schwach.

Vergleiche uns beide: ich, um es sehr abgekürzt auszudrükken, ein Löwy mit einem gewissen Kafka'schen Fond, der aber eben nicht durch den Kafka'schen Lebens-, Geschäfts-, Eroberungswillen in Bewegung gesetzt wird, sondern durch einen Löwy'schen Stachel, der geheimer, scheuer, in anderer Richtung wirkt und oft überhaupt aussetzt. Du dagegen ein wirklicher Kafka an Stärke, Gesundheit, Appetit, Stimmkraft, Redebegabung, Selbstzufriedenheit, Weltüberlegenheit, Ausdauer, Geistesgegenwart, Menschenkenntnis, einer gewissen Großzügigkeit, natürlich auch mit allen zu diesen Vorzügen gehörigen Fehlern und Schwächen, in welche Dich Dein Temperament und manchmal Dein Jähzorn hineinhetzen. Nicht ganzer Kafka bist Du vielleicht in Deiner allgemeinen Weltansicht, soweit ich Dich mit Onkel Philipp, Ludwig, Heinrich vergleichen kann. Das ist merkwürdig, ich sehe hier auch nicht ganz klar. Sie waren doch alle fröhlicher, frischer, ungezwungener, leichtlebiger, weniger streng als Du. (Darin habe ich übrigens viel von Dir geerbt und das Erbe viel zu gut verwaltet, ohne allerdings die nötigen Gegengewichte in meinem Wesen zu haben, wie Du sie hast.) Doch hast auch andererseits Du in dieser Hinsicht verschiedene Zeiten durchgemacht, warst vielleicht fröhlicher, ehe Dich Deine Kinder, besonders ich, enttäuschten und zuhause bedrückten (kamen Fremde, warst Du ja anders) und bist auch jetzt vielleicht wieder fröhlicher geworden, da Dir die Enkel und der Schwiegersohn wieder etwas von jener Wärme geben, die Dir die Kinder, bis auf Valli vielleicht, nicht geben konnten.

Jedenfalls waren wir so verschieden und in dieser Verschiedenheit einander so gefährlich, daß, wenn man es hätte etwa im voraus ausrechnen wollen, wie ich, das langsam sich entwickelnde Kind, und Du, der fertige Mann, sich zu einander verhalten werden, man hätte annehmen können, daß Du mich einfach niederstampfen wirst, daß nichts von mir übrigbleibt. Das ist nun nicht geschehn, das Lebendige läßt sich nicht ausrechnen, aber vielleicht ist Ärgeres geschehn. Wobei ich Dich aber immerfort bitte, nicht zu vergessen, daß ich niemals im entferntesten an eine Schuld Deinerseits glaube. Du wirktest so auf mich, wie Du wirken mußtest, nur sollst Du aufhören, es für eine besondere Bosheit meinerseits zu halten, daß ich dieser Wirkung erlegen bin.

Ich war ein ängstliches Kind, trotzdem war ich gewiß auch störrisch, wie Kinder sind, gewiß verwöhnte mich die Mutter auch, aber ich kann nicht glauben, daß ich besonders schwer lenkbar war, ich kann nicht glauben, daß ein freundliches Wort, ein stilles Bei-der-Hand-nehmen, ein guter Blick mir nicht alles hätten abfordern können, was man wollte. Nun bist Du ja im Grunde ein gütiger und weicher Mensch (das Folgende wird dem nicht widersprechen, ich rede ja nur von der Erscheinung, in der Du auf das Kind wirktest) aber nicht jedes Kind hat die Ausdauer und Unerschrockenheit, solange zu suchen, bis es zu der Güte kommt. Du kannst ein Kind nur so behandeln, wie Du eben selbst geschaffen bist, mit Kraft, Lärm und Jähzorn und in diesem Fall schien Dir das auch noch überdies deshalb sehr gut geeignet, weil Du einen kräftigen mutigen Jungen in mir aufziehn wolltest.

Deine Erziehungsmittel in den allerersten Jahren kann ich heute natürlich nicht unmittelbar beschreiben, aber ich kann sie mir etwa vorstellen durch Rückschluß aus den späteren Jahren und aus Deiner Behandlung des Felix. Hiebei kommt verschärfend in Betracht, daß Du damals jünger, daher frischer, wilder, ursprünglicher, noch unbekümmerter warst als heute und daß Du außerdem ganz an das Geschäft gebunden warst, kaum einmal des Tages Dich mir zeigen konntest und deshalb einen umso tieferen Eindruck auf mich machtest, der sich kaum je zur Gewöhnung verflachte.

Direkt erinnere ich mich nur an einen Vorfall aus den ersten Jahren, Du erinnerst Dich vielleicht auch daran. Ich winselte einmal in der Nacht immerfort um Wasser, gewiß nicht aus Durst, sondern wahrscheinlich teils um zu ärgern, teils um mich zu unterhalten. Nachdem einige starke Drohungen nicht geholfen hatten, nahmst Du mich aus dem Bett, trugst mich auf die Pawlatsche und ließest mich dort allein vor der geschlossenen Tür ein Weilchen im Hemd stehn. Ich will nicht sagen, daß das unrichtig war, vielleicht war damals die Nachtruhe auf andere Weise wirklich nicht zu verschaffen, ich will aber damit Deine Erziehungsmittel und ihre Wirkung auf mich charakterisieren. Ich war damals nachher wohl schon folgsam, aber ich hatte einen innern Schaden davon. Das für mich Selbstverständliche des sinnlosen Ums-Wasser-bittens und das außerordentlich Schreckliche des Hinausgetragen-werdens konnte ich meiner Natur nach niemals in die richtige Verbindung bringen. Noch nach Jahren litt ich unter der quälenden Vorstellung, daß der riesige Mann, mein Vater, die letzte Instanz fast ohne Grund kommen und mich in der Nacht aus dem Bett auf die Pawlatsche tragen konnte und daß ich also ein solches Nichts für ihn war.

Das war damals ein kleiner Anfang nur, aber dieses mich oft beherrschende Gefühl der Nichtigkeit (ein in anderer Hinsicht allerdings auch edles und fruchtbares Gefühl) stammt vielfach von Deinem Einfluß. Ich hätte ein wenig Aufmunterung, ein wenig Freundlichkeit, ein wenig Offenhalten meines Wegs gebraucht, statt dessen verstelltest Du ihn mir, in der guten Absicht freilich, daß ich einen andern Weg gehen sollte. Aber dazu taugte ich nicht. Du muntertest mich z. B. auf, wenn ich gut salutierte und marschierte, aber ich war kein künftiger Soldat, oder Du muntertest mich auf, wenn ich kräftig essen und sogar Bier dazu trinken konnte, oder wenn ich unverstandene Lieder nachsingen oder Deine Lieblingsredensarten Dir nachplappern konnte, aber nichts davon gehörte zu meiner Zukunft. Und es ist bezeichnend, daß Du selbst heute mich nur dann eigentlich in etwas aufmunterst, wenn Du selbst in Mitleidenschaft gezogen bist, wenn es sich um Dein Selbstgefühl handelt, das ich verletze (z. B. durch meine Heiratsabsicht) oder das in mir verletzt wird (wenn z. B. Pepa mich beschimpft). Dann werde ich aufgemuntert, an meinen Wert erinnert, auf die Partien hingewiesen, die ich zu machen berechtigt wäre und Pepa wird vollständig verurteilt. Aber abgesehen davon, daß ich für Aufmunterung in meinem jetzigen Alter schon fast unzugänglich bin, was würde sie mir auch helfen, wenn sie nur dann eintritt, wo es nicht in erster Reihe um mich geht.

Damals und damals überall hätte ich die Aufmunterung gebraucht. Ich war ja schon niedergedrückt durch Deine bloße Körperlichkeit. Ich erinnere mich z. B. daran, wie wir uns öfters zusammen in einer Kabine auszogen. Ich mager, schwach, schmal, Du stark, groß, breit. Schon in der Kabine kam ich mir jämmerlich vor undzwar nicht nur vor Dir, sondern vor der ganzen Welt, denn Du warst für mich das Maß aller Dinge. Traten wir dann aber aus der Kabine vor die Leute hinaus, ich an Deiner Hand, ein kleines Gerippe, unsicher bloßfüßig auf den Planken, in Angst vor dem Wasser, unfähig Deine Schwimmbewegungen nachzumachen, die Du mir in guter Absicht, aber tatsächlich zu meiner tiefen Beschämung immerfort vormachtest, dann war ich sehr verzweifelt und alle meine schlimmen Erfahrungen auf allen Gebieten stimmten in solchen Augenblicken großartig zusammen. Am wohlsten war mir noch, wenn Du Dich manchmal zuerst auszogst und ich allein in der Kabine bleiben und die Schande des öffentlichen Auftretens solange hinauszögern konnte, bis Du endlich nachschauen kamst und mich aus der Kabine triebst. Dankbar war ich Dir dafür, daß Du meine Not nicht zu bemerken schienest, auch war ich stolz auf den Körper meines Vaters. Übrigens besteht zwischen uns dieser Unterschied heute noch ähnlich.

Dem entsprach weiter Deine geistige Oberherrschaft. Du hattest Dich allein durch eigene Kraft so hoch hinaufgearbeitet, infolgedessen hattest Du unbeschränktes Vertrauen zu Deiner Meinung. Das war für mich als Kind nicht einmal so blendend wie später für den heranwachsenden jungen Menschen. In Deinem Lehnstuhl regiertest Du die Welt. Deine Meinung war richtig, jede andere war verrückt, überspannt, meschugge, nicht normal. Dabei war Dein Selbstvertrauen so groß, daß Du gar nicht konsequent sein mußtest und doch nicht aufhörtest Recht zu haben. Es konnte auch vorkommen, daß Du in einer Sache gar keine Meinung hattest und infolgedessen alle Meinungen, die hinsichtlich der Sache überhaupt möglich waren, ohne Ausnahme falsch sein mußten. Du konntest z. B. auf die Tschechen schimpfen, dann auf die Deutschen, dann auf die Juden undzwar nicht nur in Auswahl sondern in jeder Hinsicht und schließlich blieb niemand mehr übrig außer Dir. Du bekamst für mich das Rätselhafte, das alle Tyrannen haben, deren Recht auf ihrer Person, nicht auf dem Denken begründet ist. Wenigstens schien es mir so.

Nun behieltest Du ja mir gegenüber tatsächlich erstaunlich oft Recht, im Gespräch war das selbstverständlich, denn zum Gespräch kam es kaum, aber auch in Wirklichkeit. Doch war auch das nichts besonders Unbegreifliches. Ich stand ja in allem meinem Denken unter Deinem schweren Druck, auch in dem Denken, das nicht mit dem Deinen übereinstimmte und besonders in diesem. Alle diese von Dir scheinbar unabhängigen Gedanken waren von Anfang an belastet mit Deinem absprechenden Urteil; bis zur vollständigen und dauernden Ausführung des Gedankens das zu ertragen, war fast unmöglich. Ich rede hier nicht von irgendwelchen hohen Gedanken, sondern von jedem kleinen Unternehmen der Kinderzeit. Man mußte nur über irgendeine Sache glücklich sein, von ihr erfüllt sein, nach Hause kommen und es aussprechen und die Antwort war ein ironisches Seufzen, ein Kopfschütteln, ein Fingerklopfen auf dem Tisch: »Hab' auch schon etwas Schöneres gesehn« oder »Mir gesagt, Deine Sorgen« oder »ich hab keinen so geruhten Kopf« oder »Ein Ereignis!« oder »Kauf Dir was dafür!« Natürlich konnte man nicht für jede Kinderkleinigkeit Begeisterung von Dir verlangen, wenn Du in Sorge und Plage lebtest. Darum handelte es sich auch nicht. Es handelte sich vielmehr darum, daß Du solche Enttäuschungen dem Kinde immer und grundsätzlich bereiten mußtest kraft Deines gegensätzlichen Wesens, weiter daß dieser Gegensatz durch Aufhäufung des Materials sich unaufhörlich verstärkte, so daß er sich schließlich auch gewohnheitsmäßig geltend machte, wenn Du einmal der gleichen Meinung warst wie ich und daß endlich diese Enttäuschungen des Kindes nicht Enttäuschungen des gewöhnlichen Lebens waren, sondern, da es ja um Deine für alles maßgebende Person gieng, im Kern trafen. Der Mut, die Entschlossenheit, die Zuversicht, die Freude an dem und jenem hielten nicht bis zum Ende aus, wenn Du dagegen warst oder schon wenn Deine Gegnerschaft bloß angenommen werden konnte; und angenommen konnte sie wohl bei fast allem werden, was ich tat.

Das bezog sich auf Gedanken so gut wie auf Menschen. Es genügte, daß ich an einem Menschen ein wenig Interesse hatte – es geschah ja infolge meines Wesens nicht sehr oft – daß Du ohne jede Rücksicht auf mein Gefühl und ohne Achtung vor meinem Urteil mit Beschimpfung, Verläumdung, Entwürdigung dreinfuhrst. Unschuldige, kindliche Menschen wie z. B. der jiddische Schauspieler Löwy mußten das büßen. Ohne ihn zu kennen, verglichst Du ihn in einer schrecklichen Weise, die ich schon vergessen habe, mit Ungeziefer und wie so oft für Leute, die mir lieb waren, hattest Du automatisch das Sprichwort von den Hunden und Flöhen bei der Hand. An den Schauspieler erinnere ich mich hier besonders, weil ich Deine Aussprüche über ihn damals mir mit der Bemerkung notierte: »So spricht mein Vater über meinen Freund (den er gar nicht kennt) nur deshalb, weil er mein Freund ist. Das werde ich ihm immer entgegenhalten können, wenn er mir Mangel an kindlicher Liebe und Dankbarkeit vorwerfen wird.« Unverständlich war mir immer Deine vollständige Empfindungslosigkeit dafür, was für Leid und Schande Du mit Deinen Worten und Urteilen mir zufügen konntest, es war, als hättest Du keine Ahnung von Deiner Macht. Auch ich habe Dich sicher oft mit Worten gekränkt, aber dann wußte ich es immer, es schmerzte mich, aber ich konnte mich nicht beherrschen, das Wort nicht zurückhalten, ich bereute es schon, während ich es sagte. Du aber schlugst mit Deinen Worten ohne weiters los, niemand tat Dir leid, nicht währenddessen, nicht nachher, man war gegen Dich vollständig wehrlos.

Aber so war Deine ganze Erziehung. Du hast, glaube ich, ein Erziehungstalent; einem Menschen Deiner Art hättest Du durch Erziehung gewiß nützen können; er hätte die Vernünftigkeit dessen, was Du ihm sagtest, eingesehn, sich um nichts weiteres gekümmert und die Sachen ruhig so ausgeführt. Für mich als Kind war aber alles, was Du mir zuriefst, geradezu Himmelsgebot, ich vergaß es nie, es blieb mir das wichtigste Mittel zur Beurteilung der Welt, vor allem zur Beurteilung Deiner selbst und da versagtest Du vollständig. Da ich als Kind hauptsächlich beim Essen mit Dir beisammen war, war Dein Unterricht zum großen Teil Unterricht im richtigen Benehmen bei Tisch. Was auf den Tisch kam, mußte aufgegessen, über die Güte des Essens durfte nicht gesprochen werden – Du aber fandst das Essen oft ungenießbar, nanntest es »das Fressen«, das »Vieh« (die Köchin) hatte es verdorben. Weil Du entsprechend Deinem kräftigen Hunger und Deiner besonderen Vorliebe alles schnell, heiß und in großen Bissen gegessen hast, mußte sich das Kind beeilen, düstere Stille war bei Tisch, unterbrochen von Ermahnungen: »zuerst iß, dann sprich« oder »schneller, schneller, schneller« oder »siehst Du, ich habe schon längst aufgegessen«. Knochen durfte man nicht zerbeißen, Du ja. Essig durfte man nicht schlürfen, Du ja. Die Hauptsache war, daß man das Brot gerade schnitt; daß Du das aber mit einem von Sauce triefenden Messer tatest, war gleichgültig. Man mußte achtgeben, daß keine

Speisereste auf den Boden fielen, unter Dir lag schließlich am meisten. Bei Tisch durfte man sich nur mit Essen beschäftigen, Du aber putztest und schnittest Dir die Nägel, spitztest Bleistifte, reinigtest mit dem Zahnstocher die Ohren. Bitte, Vater, verstehe mich recht, das wären an sich vollständig unbedeutende Einzelnheiten gewesen, niederdrückend wurden sie für mich erst dadurch, daß Du, der für mich so ungeheuer maßgebende Mensch, Dich selbst an die Gebote nicht hieltest, die Du mir auflegtest. Dadurch wurde die Welt für mich in drei Teile geteilt, in einen, wo ich, der Sklave lebte, unter Gesetzen, die nur für mich erfunden waren und denen ich überdies, ich wußte nicht warum, niemals völlig entsprechen konnte, dann in eine zweite Welt, die unendlich von meiner entfernt war, in der Du lebtest, beschäftigt mit der Regierung, mit dem Ausgeben der Befehle und mit dem Ärger wegen deren Nichtbefolgung, und schließlich in eine dritte Welt, wo die übrigen Leute glücklich und frei von Befehlen und Gehorchen lebten. Ich war immerfort in Schande, entweder befolgte ich Deine Befehle, das war Schande, denn sie galten ja nur für mich; oder ich war trotzig, das war auch Schande, denn wie durfte ich Dir gegenüber trotzig sein, oder ich konnte nicht folgen, weil ich z. B. nicht Deine Kraft, nicht Deinen Appetit, nicht Deine Geschicklichkeit hatte, trotzdem Du es als etwas Selbstverständliches von mir verlangtest; das war allerdings die größte Schande. In dieser Weise bewegten sich nicht die Überlegungen, aber das Gefühl des Kindes.

Meine damalige Lage wird vielleicht deutlicher, wenn ich sie mit der von Felix vergleiche. Auch ihn behandelst Du ja ähnlich, ja wendest sogar ein besonders fürchterliches Erziehungsmittel gegen ihn an, indem Du, wenn er beim Essen etwas Deiner Meinung nach Unreines macht, Dich nicht damit begnügst, wie damals zu mir, zu sagen: »Du bist ein großes Schwein« sondern noch hinzufügst: »ein echter Hermann« oder »genau, wie Dein Vater«. Nun schadet das aber vielleicht – mehr als »vielleicht« kann man nicht sagen – dem Felix wirklich nicht wesentlich, denn für ihn bist Du eben nur ein allerdings besonders bedeutender Großvater, aber doch nicht alles, wie Du es für mich gewesen bist, außerdem ist Felix ein ruhiger, schon jetzt gewissermaßen männlicher Charakter, der sich durch eine Donnerstimme vielleicht verblüffen, aber nicht für die Dauer bestimmen läßt, vor allem aber ist er doch nur verhältnismäßig selten mit Dir beisammen, steht ja auch unter anderen Einflüssen, Du bist ihm mehr etwas liebes Kurioses, aus dem er auswählen kann, was er sich nehmen will. Mir warst Du nichts Kurioses, ich konnte nicht auswählen, ich mußte alles nehmen.

Undzwar ohne etwas dagegen vorbringen zu können, denn es ist Dir von vornherein nicht möglich ruhig über eine Sache zu sprechen, mit der Du nicht einverstanden bist oder die bloß nicht von Dir ausgeht; Dein herrisches Temperament läßt das nicht zu. In den letzten Jahren erklärst Du das durch Deine Herznervosität, ich wüßte nicht, daß Du jemals wesentlich anders gewesen bist, höchstens ist Dir die Herznervosität ein Mittel zur strengeren Ausübung der Herrschaft, da der Gedanke daran die letzte Widerrede im anderen ersticken muß. Das ist natürlich kein Vorwurf, nur Feststellung einer Tatsache. »Man kann ja mit ihr gar nicht sprechen, sie springt einem gleich ins Gesicht«, pflegst Du zu sagen, aber in Wirklichkeit springt sie ursprünglich gar nicht; Du verwechselst die Sache mit der Person; die Sache springt Dir ins Gesicht und Du entscheidest sie sofort ohne Anhören der Person; was nachher noch vorgebracht wird, kann Dich nur weiter reizen, niemals überzeugen. Dann hört man von Dir nur noch: »Mach, was Du willst; von mir aus bist Du frei; Du bist großjährig; ich habe Dir keine Ratschläge zu geben« und

21

alles das mit dem fürchterlichen heiseren Unterton des Zornes und der vollständigen Verurteilung, vor dem ich heute nur deshalb weniger zittere als in der Kinderzeit, weil das ausschließliche Schuldgefühl des Kindes zum Teil ersetzt ist durch den Einblick in unser beider Hilflosigkeit.

Die Unmöglichkeit des ruhigen Verkehrs hatte noch eine weitere eigentlich sehr natürliche Folge: ich verlernte das Reden. Ich wäre ja wohl auch sonst kein großer Redner geworden, aber die gewöhnlich fließende menschliche Sprache hätte ich doch beherrscht. Du hast mir aber schon früh das Wort verboten, Deine Drohung: »kein Wort der Widerrede!« und die dazu erhobene Hand begleiten mich schon seit jeher. Ich bekam vor Dir – Du bist, sobald es um Deine Dinge geht, ein ausgezeichneter Redner – eine stockende, stotternde Art des Sprechens, auch das war Dir noch zu viel, schließlich schwieg ich, zuerst vielleicht aus Trotz, dann weil ich vor Dir weder denken, noch reden konnte. Und weil Du mein eigentlicher Erzieher warst, wirkte das überall in meinem Leben nach. Es ist überhaupt ein merkwürdiger Irrtum, wenn Du glaubst, ich hätte mich Dir nie gefügt. »Immer alles contra« ist wirklich nicht mein Lebensgrundsatz Dir gegenüber gewesen, wie Du glaubst und mir vorwirfst. Im Gegenteil: hätte ich Dir weniger gefolgt, Du wärest sicher viel zufriedener mit mir. Vielmehr haben alle Deine Erziehungsmaßnahmen genau getroffen; keinem Griff bin ich ausgewichen; so wie ich bin, bin ich (von den Grundanlagen und der Einwirkung des Lebens natürlich abgesehn) das Ergebnis Deiner Erziehung und meiner Folgsamkeit. Daß dieses Ergebnis Dir trotzdem peinlich ist, ja daß Du Dich unbewußt weigerst es als Dein Erziehungsergebnis anzuerkennen, liegt eben daran, daß Deine Hand und mein Material einander so fremd gewesen sind. Du sagtest: »Kein Wort der Widerrede!« und wolltest damit die Dir unangeneh-

men Gegenkräfte in mir zum Schweigen bringen, diese Einwirkung war aber für mich zu stark, ich war zu folgsam, ich
verstummte gänzlich, verkroch mich vor Dir, und wagte
mich erst zu regen, wenn ich so weit von Dir entfernt war,
daß Deine Macht, wenigstens direkt, nicht mehr hinreichte.
Du aber standst davor und alles schien Dir wieder »contra«
zu sein, während es nur selbstverständliche Folge Deiner
Stärke und meiner Schwäche war.

Deine äußerst wirkungsvollen, wenigstens mir gegenüber
niemals versagenden rednerischen Mittel bei der Erziehung
waren: Schimpfen, Drohen, Ironie, böses Lachen und –
merkwürdiger Weise – Selbstbeklagung.

Daß Du mich direkt und mit ausdrücklichen Schimpfwör-
tern beschimpft hättest, kann ich mich nicht erinnern. Es war
auch nicht nötig, Du hattest so viele andere Mittel, auch
flogen im Gespräch zuhause und besonders im Geschäft die
Schimpfwörter rings um mich in solchen Mengen auf andere
nieder, daß ich als kleiner Junge manchmal davon fast be-
täubt war und keinen Grund hatte, sie nicht auch auf mich zu
beziehn, denn die Leute, die Du beschimpftest, waren gewiß
nicht schlechter als ich und Du warst gewiß mit ihnen nicht
unzufriedener als mit mir. Und auch hier war wieder Deine
rätselhafte Unschuld und Unangreifbarkeit, Du schimpftest
ohne Dir irgendwelche Bedenken deshalb zu machen, ja Du
verurteiltest das Schimpfen bei andern und verbotest es.

Das Schimpfen verstärktest Du mit Drohen und das galt
nun auch schon mir. Schrecklich war mir z. B. dieses: »ich
zerreiße Dich wie einen Fisch«, trotzdem ich ja wußte,
daß dem nichts Schlimmeres nachfolgte (als kleines Kind
wußte ich das allerdings nicht) aber es entsprach fast meinen
Vorstellungen von Deiner Macht, daß Du auch das imstande
gewesen wärest. Schrecklich war es auch, wenn Du schrei-
end um den Tisch herumliefst, um einen zu fassen, offenbar

23

gar nicht fassen wolltest, aber doch so tatest und die Mutter einen schließlich scheinbar rettete. Wieder hatte man einmal, so schien es dem Kind, das Leben durch Deine Gnade behalten und trug es als Dein unverdientes Geschenk weiter. Hierher gehören auch die Drohungen wegen der Folgen des Ungehorsams. Wenn ich etwas zu tun anfieng, was Dir nicht gefiel und Du drohtest mir mit dem Mißerfolg, so war die Ehrfurcht vor Deiner Meinung so groß, daß damit der Mißerfolg, wenn auch vielleicht erst für eine spätere Zeit, unaufhaltsam war. Ich verlor das Vertrauen zu eigenem Tun. Ich war unbeständig, zweifelhaft. Je älter ich wurde, desto größer war das Material, das Du mir zum Beweis meiner Wertlosigkeit entgegenhalten konntest, allmählich bekamst Du in gewisser Hinsicht wirklich Recht. Wieder hüte ich mich zu behaupten, daß ich nur durch Dich so wurde; Du verstärktest nur, was war, aber Du verstärktest es sehr, weil Du eben mir gegenüber sehr mächtig warst und alle Macht dazu verwendetest.

Ein besonderes Vertrauen hattest Du zur Erziehung durch Ironie, sie entsprach auch am besten Deiner Überlegenheit über mich. Eine Ermahnung hatte bei Dir gewöhnlich diese Form: »Kannst Du das nicht so und so machen? Das ist Dir wohl schon zu viel? Dazu hast Du natürlich keine Zeit?« und ähnlich. Dabei jede solche Frage begleitet von bösem Lachen und bösem Gesicht. Man wurde gewissermaßen schon bestraft, ehe man noch wußte, daß man etwas Schlechtes getan hatte. Aufreizend waren auch jene Zurechtweisungen, wo man als dritte Person behandelt, also nicht einmal des bösen Ansprechens gewürdigt wurde; wo Du also etwa formell zur Mutter sprachst, aber eigentlich zu mir, der dabei saß, z. B.: »Das kann man vom Herrn Sohn natürlich nicht haben« und dgl. (Das bekam dann sein Gegenspiel darin, daß ich z. B. nicht wagte und später aus Gewohnheit gar nicht mehr daran dachte, Dich direkt zu fragen, wenn die Mutter dabei war. Es war dem Kind viel ungefährlicher, die neben Dir sitzende Mutter über Dich auszufragen, man fragte dann die Mutter: »Wie geht es dem Vater?« und sicherte sich so vor Überraschungen.) Es gab natürlich auch Fälle, wo man mit der ärgsten Ironie sehr einverstanden war, nämlich wenn sie einen andern betraf, z. B. die Elli, mit der ich jahrelang böse war. Es war für mich ein Fest der Bosheit und Schadenfreude, wenn es von ihr fast bei jedem Essen etwa hieß: »Zehn Meter weit vom Tisch muß sie sitzen, die breite Mad« und wenn Du dann böse auf Deinem Sessel ohne die leiseste Spur von Freundlichkeit oder Laune, sondern als erbitterter Feind übertrieben ihr nachzumachen suchtest, wie äußerst widerlich für Deinen Geschmack sie dasaß. Wie oft hat sich das und ähnliches wiederholen müssen, wie wenig hast Du im Tatsächlichen dadurch erreicht. Ich glaube, es lag daran, daß der Aufwand von Zorn und Bösesein zur Sache selbst in keinem richtigen Verhältnis zu sein schien, man hatte nicht das Gefühl, daß der Zorn durch diese Kleinigkeit des Weit-vom-Tische-sitzens erzeugt sei, sondern daß er in seiner ganzen Größe von vornherein vorhanden war und nur zufällig gerade diese Sache als Anlaß zum Losbrechen genommen habe. Da man überzeugt war, daß sich ein Anlaß jedenfalls finden würde, nahm man sich nicht besonders zusammen, auch stumpfte man unter der fortwährenden Drohung ab; daß man nicht geprügelt wurde, dessen war man ja allmählich fast sicher. Man wurde ein mürrisches, unaufmerksames, ungehorsames Kind, immer auf eine Flucht, meist eine innere, bedacht. So littest Du, so litten wir. Du hattest von Deinem Standpunkt ganz recht, wenn Du mit zusammengebissenen Zähnen und dem gurgelnden Lachen, welches dem Kind zum erstenmal höllische Vorstellungen vermittelt hatte, bitter zu sagen pflegtest (wie erst letzthin wegen eines Konstantinopler Briefes): »Das ist eine Gesellschaft!«

Ganz unverträglich mit dieser Stellung zu Deinen Kindern schien es zu sein, wenn Du, was ja sehr oft geschah, öffentlich Dich beklagtest. Ich gestehe, daß ich als Kind (später wohl) dafür gar kein Gefühl hatte und nicht verstand, wie Du überhaupt erwarten konntest, Mitgefühl zu finden. Du warst so riesenhaft in jeder Hinsicht, was konnte Dir an unserem Mitleid liegen oder gar an unserer Hilfe. Die mußtest Du doch eigentlich verachten, wie uns selbst so oft. Ich glaubte daher den Klagen nicht und suchte irgendeine geheime Absicht hinter ihnen. Erst später begriff ich, daß Du wirklich durch die Kinder sehr littest, damals aber, wo die Klagen noch unter anderen Umständen einen kindlichen, offenen, bedenkenlosen, zu jeder Hilfe bereiten Sinn hätten antreffen können, mußten sie mir wieder nur überdeutliche Erziehungs- und Demütigungsmittel sein, als solche an sich nicht sehr stark, aber mit der schädlichen Nebenwirkung, daß das Kind sich gewöhnte, gerade Dinge nicht sehr ernst zu nehmen, die es ernst hätte nehmen sollen.

Es gab glücklicher Weise davon allerdings auch Ausnahmen, meistens wenn Du schweigend littest und Liebe und Güte mit ihrer Kraft alles Entgegenstehende überwand und unmittelbar ergriff. Selten war das allerdings, aber es war wunderbar. Etwa wenn ich Dich früher in heißen Sommern mittags nach dem Essen im Geschäft müde ein wenig schlafen sah, den Elbogen auf dem Pult, oder wenn Du Sonntags abgehetzt zu uns in die Sommerfrische kamst; oder wenn Du bei einer schweren Krankheit der Mutter zitternd vom Weinen Dich am Bücherkasten festhieltest; oder wenn Du während meiner letzten Krankheit leise zu mir in Ottlas Zimmer kamst, auf der Schwelle bliebst, nur den Hals strecktest, um mich im Bett zu sehen und aus Rücksicht nur mit der Hand grüßtest. In solchen Zeiten legte man sich hin und weinte vor Glück und weint jetzt wieder, während man es schreibt.

Du hast auch eine besonders schöne, sehr selten zu sehende Art eines stillen, zufriedenen, gutheißenden Lächelns, das den, dem es gilt, ganz glücklich machen kann. Ich kann mich nicht erinnern, daß es in meiner Kindheit ausdrücklich mir zuteil geworden wäre, aber es dürfte wohl geschehen sein, denn warum solltest Du es mir damals verweigert haben, da ich Dir noch unschuldig schien und Deine große Hoffnung war. Übrigens haben auch solche freundliche Eindrücke auf die Dauer nichts anderes erzielt, als mein Schuldbewußtsein vergrößert und die Welt mir noch unverständlicher gemacht.

Lieber hielt ich mich ans Tatsächliche und Fortwährende. Um mich Dir gegenüber nur ein wenig zu behaupten, zum Teil auch aus einer Art Rache fing ich bald an kleine Lächerlichkeiten, die ich an Dir bemerkte, zu beobachten, zu sammeln, zu übertreiben. Wie Du z. B. leicht Dich von meist nur scheinbar höher stehenden Personen blenden ließest und davon immerfort erzählen konntest, etwa von irgendeinem kais. Rat oder dgl. (andererseits tat mir etwas derartiges auch weh, daß Du, mein Vater, solche nichtige Bestätigungen Deines Wertes zu brauchen glaubtest und mit ihnen groß tatest). Oder ich beobachtete Deine Vorliebe für unanständige, möglichst laut herausgebrachte Redensarten, über die Du lachtest, als hättest Du etwas besonders Vortreffliches gesagt, während es eben nur eine platte, kleine Unanständigkeit war (gleichzeitig war es allerdings auch wieder eine mich beschämende Äußerung Deiner Lebenskraft). Solcher verschiedener Beobachtungen gab es natürlich eine Menge; ich war glücklich über sie, es gab für mich Anlaß zu Getuschel und Spaß, Du bemerktest es manchmal, ärgertest

Dich darüber, hieltest es für Bosheit, Respektlosigkeit, aber glaube mir, es war nichts anderes für mich, als ein übrigens untaugliches Mittel zur Selbsterhaltung, es waren Scherze, wie man sie über Götter und Könige verbreitet, Scherze, die mit dem tiefsten Respekt nicht nur sich verbinden lassen, sondern sogar zu ihm gehören.

Auch Du hast übrigens, entsprechend Deiner ähnlichen Lage mir gegenüber, eine Art Gegenwehr versucht. Du pflegtest darauf hinzuweisen, wie übertrieben gut es mir gieng und wie gut ich eigentlich behandelt worden bin. Das ist richtig, ich glaube aber nicht, daß es mir unter den einmal vorhandenen Umständen im Wesentlichen genützt hat.

Es ist wahr, daß die Mutter grenzenlos gut zu mir war, aber alles das stand für mich in Beziehung zu Dir, also in keiner guten Beziehung. Die Mutter hatte unbewußt die Rolle eines Treibers in der Jagd. Wenn schon Deine Erziehung in irgendeinem unwahrscheinlichen Fall mich durch Erzeugung von Trotz, Abneigung oder gar Haß auf eigene Füße hätte stellen können, so glich das die Mutter durch Gutsein, durch vernünftige Rede (sie war im Wirrwarr der Kindheit das Urbild der Vernunft), durch Fürbitte wieder aus und ich war wieder in Deinen Kreis zurückgetrieben, aus dem ich sonst vielleicht, Dir und mir zum Vorteil ausgebrochen wäre. Oder es war so, daß es zu keiner eigentlichen Versöhnung kam, daß die Mutter mich vor Dir bloß im Geheimen schützte, mir im Geheimen etwas gab, etwas erlaubte, dann war ich wieder vor Dir das lichtscheue Wesen, der Betrüger, der Schuldbewußte, der wegen seiner Nichtigkeit selbst zu dem, was er für sein Recht hielt, nur auf Schleichwegen kommen konnte. Natürlich gewöhnte ich mich dann auf diesen Wegen auch das zu suchen, worauf ich selbst meiner Meinung nach kein Recht hatte. Das war wieder Vergrößerung des Schuldbewußtseins.

Es ist auch wahr, daß Du mich kaum einmal wirklich geschlagen hast. Aber das Schreien, das Rotwerden Deines Gesichts, das eilige Losmachen der Hosenträger, ihr Bereitliegen auf der Stuhllehne war für mich fast ärger. Es ist, wie wenn einer gehenkt werden soll. Wird er wirklich gehenkt, dann ist er tot und es ist alles vorüber. Wenn er aber alle Vorbereitungen zum Gehenktwerden miterleben muß und erst wenn ihm die Schlinge vor dem Gesicht hängt, von seiner Begnadigung erfährt, so kann er sein Leben lang daran zu leiden haben. Überdies sammelte sich aus diesen vielen Malen, wo ich Deiner deutlich gezeigten Meinung nach Prügel verdient hätte, ihnen aber aus Deiner Gnade noch knapp entgangen war, wieder nur ein großes Schuldbewußtsein an. Von allen Seiten her kam ich in Deine Schuld.

Seit jeher machtest Du mir zum Vorwurf (undzwar mir allein oder vor andern; für das Demütigende des Letzteren hattest Du kein Gefühl, die Angelegenheiten Deiner Kinder waren immer öffentliche) daß ich dank Deiner Arbeit ohne alle Entbehrungen in Ruhe, Wärme, Fülle lebte. Ich denke da an Bemerkungen, die in meinem Gehirn förmlich Furchen gezogen haben müssen, wie: »Schon mit sieben Jahren mußte ich mit dem Karren durch die Dörfer fahren.« »Wir mußten alle in einer Stube schlafen.« »Wir waren glücklich, wenn wir Erdäpfel hatten.« »Jahrelang hatte ich wegen ungenügender Winterkleidung offene Wunden an den Beinen.« »Als kleiner Junge mußte ich schon nach Pisek ins Geschäft.« »Von zuhause bekam ich gar nichts, nicht einmal beim Militär, ich schickte noch Geld nachhause.« »Aber trotzdem, trotzdem – der Vater war mir immer der Vater. Wer weiß das heute! Was wissen die Kinder! Das hat niemand gelitten! Versteht das heute ein Kind?« Solche Erzählungen hätten unter andern Verhältnissen ein ausgezeichnetes Erziehungsmittel sein können, sie hätten zum Überstehen der gleichen Plagen und

Entbehrungen, die der Vater durchgemacht hatte, aufmuntern und kräftigen können. Aber das wolltest Du doch gar nicht, die Lage war ja eben durch das Ergebnis Deiner Mühe eine andere geworden, Gelegenheit sich in der Weise auszuzeichnen, wie Du es getan hattest, gab es nicht. Eine solche Gelegenheit hätte man erst durch Gewalt und Umsturz schaffen müssen, man hätte von zuhause ausbrechen müssen (vorausgesetzt daß man die Entschlußfähigkeit und Kraft dazu gehabt hätte und die Mutter nicht ihrerseits mit anderen Mitteln dagegen gearbeitet hätte). Aber das alles wolltest Du doch gar nicht, das bezeichnetest Du als Undankbarkeit, Überspanntheit, Ungehorsam, Verrat, Verrücktheit. Während Du also von einer Seite durch Beispiel, Erzählung und Beschämung dazu locktest, verbotest Du es auf der andern Seite allerstrengstens. Sonst hättest Du z. B., von den Nebenumständen abgesehn, von Ottlas Züraner Abenteuer eigentlich entzückt sein müssen. Sie wollte auf das Land, von dem Du gekommen warst, sie wollte Arbeit und Entbehrungen haben, wie Du sie gehabt hattest, sie wollte nicht Deine Arbeitserfolge genießen wie auch Du von Deinem Vater unabhängig gewesen bist. Waren das so schreckliche Absichten? So fern Deinem Beispiel und Deiner Lehre? Gut, die Absichten Ottlas mißlangen schließlich im Ergebnis, wurden vielleicht etwas lächerlich, mit zuviel Lärm ausgeführt, sie nahm nicht genug Rücksicht auf ihre Eltern. War das aber ausschließlich ihre Schuld, nicht auch die Schuld der Verhältnisse und vor allem dessen, daß Du ihr so entfremdet warst? War sie Dir etwa (wie Du Dir später selbst einreden wolltest) im Geschäft weniger entfremdet, als nachher in Zürau? Und hättest Du nicht ganz gewiß die Macht gehabt (vorausgesetzt daß Du Dich dazu hättest überwinden können) durch Aufmunterung, Rat und Aufsicht, vielleicht sogar nur durch Duldung aus diesem Abenteuer etwas sehr Gutes zu machen?

Anschließend an solche Erfahrungen pflegtest Du in bitterem Scherz zu sagen, daß es uns zu gut ging. Aber dieser Scherz ist in gewissem Sinn keiner. Das was Du Dir erkämpfen mußtest, bekamen wir aus Deiner Hand, aber den Kampf um das äußere Leben, der Dir sofort zugänglich war und der natürlich auch uns nicht erspart bleibt, den müssen wir uns erst spät, mit Kinderkraft im Mannesalter erkämpfen. Ich sage nicht, daß unsere Lage deshalb unbedingt ungünstiger ist als es Deine war, sie ist jener vielmehr wahrscheinlich gleichwertig (wobei allerdings die Grundanlagen nicht verglichen sind) nur darin sind wir im Nachteil, daß wir mit unserer Not uns nicht rühmen und niemanden mit ihr demütigen können, wie Du es mit Deiner Not getan hast. Ich leugne auch nicht, daß es möglich gewesen wäre, daß ich die Früchte Deiner großen und erfolgreichen Arbeit wirklich richtig hätte genießen, verwerten und mit ihnen zu Deiner Freude hätte weiterarbeiten können, dem aber stand eben unsere Entfremdung entgegen. Ich konnte, was Du gabst, genießen, aber nur in Beschämung, Müdigkeit, Schwäche, Schuldbewußtsein. Deshalb konnte ich Dir für alles nur bettlerhaft dankbar sein, durch die Tat nicht.

Das nächste äußere Ergebnis dieser ganzen Erziehung war, daß ich alles floh, was nur von der Ferne an Dich erinnerte. Zuerst das Geschäft. An und für sich besonders in der Kinderzeit, solange es ein Gassengeschäft war, hätte es mich sehr freuen müssen, es war so lebendig, abends beleuchtet, man sah, man hörte viel, konnte hie und da helfen, sich auszeichnen, vor allem aber Dich bewundern in Deinen großartigen kaufmännischen Talenten, wie Du verkauftest, Leute behandeltest, Späße machtest, unermüdlich warst, in Zweifelfällen sofort die Entscheidung wußtest u. s. w.; noch wie Du einpacktest oder eine Kiste aufmachtest, war ein sehenswertes Schauspiel und das ganze alles in allem gewiß nicht die schlechteste Kinderschule. Aber da Du allmählich von allen Seiten mich erschrecktest und Geschäft und Du sich mir deckten, war mir auch das Geschäft nicht mehr behaglich. Dinge, die mir dort zuerst selbstverständlich gewesen waren, quälten, beschämten mich, besonders Deine Behandlung des Personals. Ich weiß nicht, vielleicht ist sie in den meisten Geschäften so gewesen (in der Assicurazioni Generali z. B. war sie zu meiner Zeit wirklich ähnlich, ich erklärte dort dem Direktor, nicht ganz wahrheitsgemäß, aber auch nicht ganz erlogen meine Kündigung damit, daß ich das Schimpfen, das übrigens mich direkt gar nicht betroffen hatte, nicht ertragen könne; ich war darin zu schmerzhaft empfindlich schon vom Hause her), aber die andern Geschäfte kümmerten mich in der Kinderzeit nicht. Dich aber hörte und sah ich im Geschäft schreien, schimpfen und wüten, wie es meiner damaligen Meinung nach in der ganzen Welt nicht wieder vorkam. Und nicht nur Schimpfen, auch sonstige Tyrannei. Wie Du z. B. Waren, die Du mit andern nicht verwechselt haben wolltest, mit einem Ruck vom Pult hinunterwarfst – nur die Besinnungslosigkeit Deines Zorns entschuldigte Dich ein wenig – und der Kommis sie aufheben mußte. Oder Deine ständige Redensart hinsichtlich eines lungenkranken Kommis: »Er soll krepieren, der kranke Hund!« Du nanntest die Angestellten »bezahlte Feinde«, das waren sie auch, aber noch ehe sie es geworden waren, schienst Du mir ihr »zahlender Feind« zu sein. Dort bekam ich auch die große Lehre, daß Du ungerecht sein konntest; an mir selbst hätte ich es nicht so bald bemerkt, da hatte sich ja zuviel Schuldgefühl angesammelt, das Dir recht gab; aber dort waren nach meiner, später natürlich ein wenig aber nicht allzusehr korrigierten Kindermeinung fremde Leute, die doch für uns arbeiteten und dafür in fortwährender Angst vor Dir leben mußten. Natürlich übertrieb ich da undzwar deshalb, weil ich ohne weiters annahm,

Du wirkest auf die Leute ebenso schrecklich wie auf mich. Wenn das so gewesen wäre, hätten sie wirklich nicht leben können; da sie aber erwachsene Leute mit meist ausgezeichneten Nerven waren, schüttelten sie das Schimpfen ohne Mühe von sich ab und es schadete Dir schließlich viel mehr als ihnen. Mir aber machte es das Geschäft unleidlich, es erinnerte mich allzusehr an mein Verhältnis zu Dir: Du warst ganz abgesehn vom Unternehmerinteresse und abgesehn von Deiner Herrschsucht schon als Geschäftsmann allen, die jemals bei Dir gelernt haben, so sehr überlegen, daß Dich keine ihrer Leistungen befriedigen konnte, ähnlich ewig unbefriedigt mußtest Du auch von mir sein. Deshalb gehörte ich notwendig zur Partei des Personals, übrigens auch deshalb weil ich schon aus Ängstlichkeit nicht begriff, wie man einen Fremden so beschimpfen konnte und darum aus Ängstlichkeit das meiner Meinung nach fürchterlich aufgebrachte Personal irgendwie mit Dir, mit unserer Familie schon um meiner eigenen Sicherheit willen aussöhnen wollte. Dazu genügte nicht mehr gewöhnliches anständiges Benehmen gegenüber dem Personal, nicht einmal mehr bescheidenes Benehmen, vielmehr mußte ich demütig sein, nicht nur zuerst grüßen, sondern womöglich auch noch den Gegengruß abwehren. Und hätte ich, die unbedeutende Person, ihnen unten die Füße geleckt, es wäre noch immer kein Ausgleich dafür gewesen, wie Du, der Herr, oben auf sie loshacktest. Dieses Verhältnis, in das ich hier zu Mitmenschen trat, wirkte über das Geschäft hinaus und in die Zukunft weiter (etwas ähnliches, aber nicht so gefährlich und tiefgreifend wie bei mir, ist z. B. auch Ottlas Vorliebe für den Verkehr mit armen Leuten, das Dich so ärgernde Zusammensitzen mit den Dienstmädchen u. dgl.). Schließlich fürchtete ich mich fast vor dem Geschäft und jedenfalls war es schon längst nicht mehr meine Sache, ehe ich noch ins Gymnasium kam und dadurch noch weiter davon fortgeführt wurde. Auch schien es mir für meine Fähigkeiten ganz unerschwinglich, da es, wie Du sagtest, selbst die Deinigen verbrauchte. Du suchtest dann (für mich ist das heute rührend und beschämend) aus meiner Dich doch sehr schmerzenden Abneigung gegen das Geschäft, gegen Dein Werk doch noch ein wenig Süßigkeit für Dich zu ziehn, indem Du behauptetest, mir fehle der Geschäftssinn, ich habe höhere Ideen im Kopf u. dgl. Die Mutter freute sich natürlich über diese Erklärung, die Du Dir abzwangst, und auch ich in meiner Eitelkeit und Not ließ mich davon beeinflussen. Wären es aber wirklich nur oder hauptsächlich die »höheren Ideen« gewesen, die mich vom Geschäft (das ich jetzt, aber erst jetzt, ehrlich und tatsächlich hasse) abbrachten, sie hätten sich anders äußern müssen, als daß sie mich ruhig und ängstlich durchs Gymnasium und durch das Jusstudium schwimmen ließen, bis ich beim Beamtenschreibtisch endgiltig landete.

Wollte ich vor Dir fliehn, mußte ich auch vor der Familie fliehn, selbst vor der Mutter. Man konnte bei ihr zwar immer Schutz finden, doch nur in Beziehung zu Dir. Zu sehr liebte sie Dich und war Dir zu sehr treu ergeben, als daß sie in dem Kampf des Kindes eine selbständige geistige Macht für die Dauer hätte sein können. Ein richtiger Instinkt des Kindes übrigens, denn die Mutter wurde Dir mit den Jahren immer noch enger verbunden; während sie immer, was sie selbst betraf, ihre Selbständigkeit in kleinsten Grenzen schön und zart und ohne Dich jemals wesentlich zu kränken bewahrte, nahm sie doch mit den Jahren immer vollständiger, mehr im Gefühl, als im Verstand, Deine Urteile und Verurteilungen hinsichtlich der Kinder blindlings über, besonders in dem allerdings schweren Fall der Ottla. Freilich muß man immer im Gedächtnis behalten, wie quälend und bis zum letzten aufreibend die Stellung der Mutter in der Familie war. Sie hat sich im Geschäft, im Haushalt geplagt, alle Krankheiten der Familie doppelt mitgelitten, aber die Krönung alles dessen war das, was sie in ihrer Zwischenstellung zwischen uns und Dir gelitten hat. Du bist immer liebend und rücksichtsvoll zu ihr gewesen, aber in dieser Hinsicht hast Du sie ganz genau so wenig geschont, wie wir sie geschont haben. Rücksichtslos haben wir auf sie eingehämmert, Du von Deiner Seite, wir von unserer. Es war eine Ablenkung, man dachte an nichts Böses, man dachte nur an den Kampf, den Du mit uns, den wir mit Dir führten, und auf der Mutter tobten wir uns aus. Es war auch kein guter Beitrag zur Kindererziehung, wie Du sie – ohne jede Schuld Deinerseits natürlich – unseretwegen quältest. Es rechtfertigte sogar scheinbar unser sonst nicht zu rechtfertigendes Benehmen ihr gegenüber. Was hat sie von uns Deinetwegen und von Dir unseretwegen gelitten, ganz ungerechnet jene Fälle, wo Du recht hattest, weil sie uns verzog, wenn auch selbst dieses »Verziehn« manchmal nur eine stille unbewußte Gegendemonstration gegen Dein System gewesen sein mag. Natürlich hätte die Mutter das alles nicht ertragen können, wenn sie nicht aus der Liebe zu uns allen und aus dem Glück dieser Liebe die Kraft zum Ertragen genommen hätte.

Die Schwestern giengen nur zum Teil mit mir. Am glücklichsten in ihrer Stellung zu Dir war Valli. Am nächsten der Mutter stehend, fügte sie sich Dir auch ähnlich, ohne viel Mühe und Schaden. Du nahmst sie aber auch, eben in Erinnerung an die Mutter, freundlicher hin, trotzdem wenig Kafka'sches Material in ihr war. Aber vielleicht war Dir gerade das recht; wo nichts Kafka'sches war, konntest selbst Du nichts derartiges verlangen; Du hattest auch nicht, wie bei uns andern das Gefühl, daß hier etwas verloren gieng, das mit Gewalt gerettet werden müßte. Übrigens magst Du das Kafka'sche, soweit es sich in Frauen geäußert hat, niemals besonders geliebt haben. Das Verhältnis Vallis zu Dir wäre sogar vielleicht noch freundlicher geworden, wenn wir andern es nicht ein wenig gestört hätten.

Die Elli ist das einzige Beispiel für das fast vollständige Gelingen eines Durchbruches aus Deinem Kreis. Von ihr hätte ich es in ihrer Kindheit am wenigsten erwartet. Sie war doch ein so schwerfälliges, müdes, furchtsames, verdrossenes, schuldbewußtes, überdemütiges, boshaftes, faules, genäschiges, geiziges Kind, ich konnte sie kaum ansehn, gar nicht ansprechen, so sehr erinnerte sie mich an mich selbst, so sehr ähnlich stand sie unter dem gleichen Bann der Erziehung. Besonders ihr Geiz war mir abscheulich, da ich ihn womöglich noch stärker hatte. Geiz ist ja eines der verläßlichsten Anzeichen tiefen Unglücklichseins; ich war so unsicher aller Dinge, daß ich tatsächlich nur das besaß, was ich schon in den Händen oder im Mund hielt oder was wenigstens auf dem Wege dorthin war und gerade das nahm sie, die in ähnlicher Lage war, mir am liebsten fort. Aber das alles änderte sich, als sie in jungen Jahren – das ist das wichtigste – von zuhause weggieng, heiratete, Kinder bekam, sie wurde fröhlich, unbekümmert, mutig, freigebig, uneigennützig, hoffnungsvoll. Fast unglaublich ist es, wie Du eigentlich diese Veränderung gar nicht bemerkt und jedenfalls nicht nach Verdienst bewertet hast, so geblendet bist Du von dem Groll, den Du gegen Elli seit jeher hattest und im Grunde unverändert hast, nur daß dieser Groll jetzt viel weniger aktuell geworden ist, da Elli nicht mehr bei uns wohnt und außerdem Deine Liebe zu Felix und die Zuneigung zu Karl ihn unwichtiger gemacht haben. Nur Gerti muß ihn manchmal noch entgelten.

Von Ottla wage ich kaum zu schreiben, ich weiß, ich setze damit die ganze erhoffte Wirkung des Briefes aufs Spiel. Unter gewöhnlichen Umständen, also wenn sie nicht etwa in besondere Not oder Gefahr käme, hast Du für sie nur Haß; Du hast mir ja selbst zugestanden, daß sie Deiner Meinung nach mit Absicht Dir immerfort Leid und Ärger macht und während Du ihretwegen leidest, ist sie befriedigt und freut sich. Also eine Art Teufel. Was für eine ungeheuere Entfremdung, noch größer als zwischen Dir und mir, muß zwischen Dir und ihr eingetreten sein, damit eine so ungeheuere Verkennung möglich wird. Sie ist so weit von Dir, daß Du sie kaum mehr siehst, sondern ein Gespenst an die Stelle setzt, wo Du sie vermutest. Ich gebe zu, daß Du es mit ihr besonders schwer hattest. Ich durchschaue ja den sehr komplicierten Fall nicht ganz, aber jedenfalls war hier etwas wie eine Art Löwy, ausgestattet mit den besten Kafka'schen Waffen. Zwischen uns war es kein eigentlicher Kampf; ich war bald erledigt; was übrig blieb, war Flucht, Verbitterung, Trauer, innerer Kampf. Ihr zwei aber waret immer in Kampfstellung, immer frisch, immer bei Kräften. Ein ebenso großartiger, wie trostloser Anblick. Zu allererst seid Ihr Euch ja gewiß sehr nahe gewesen, denn noch heute ist von uns vier Ottla vielleicht die reinste Darstellung der Ehe zwischen Dir und der Mutter und der Kräfte, die sich da verbanden. Ich weiß nicht, was Euch um das Glück der Eintracht zwischen Vater und Kind gebracht hat, es liegt mir nur nahe zu glauben, daß die Entwicklung ähnlich war, wie bei mir. Auf Deiner Seite die Tyrannei Deines Wesens, auf ihrer Seite Löwy'scher Trotz, Empfindlichkeit, Gerechtigkeitsgefühl, Unruhe und alles das gestützt durch das Bewußtsein Kafka'scher Kraft. Wohl habe auch ich sie beeinflußt, aber kaum aus eigenem Antrieb, sondern durch die bloße Tatsache meines Daseins. Übrigens kam sie doch als Letzte schon in fertige Machtverhältnisse hinein und konnte sich aus dem vielen bereitliegenden Material ihr Urteil selbst bilden. Ich kann mir sogar denken, daß sie in ihrem Wesen eine Zeit lang geschwankt hat, ob sie sich Dir an die Brust werfen soll oder den Gegnern, offenbar hast Du damals etwas versäumt und sie zurückgestoßen, Ihr wäret aber, wenn es eben möglich gewesen wäre, ein prachtvolles Paar an Eintracht geworden. Ich hätte dadurch zwar einen Verbündeten verloren, aber der Anblick von Euch beiden hätte mich reich entschädigt, auch wärest ja Du durch das unabsehbare Glück, wenigstens in einem Kind volle Befriedigung zu finden, sehr zu meinen Gunsten verwandelt worden. Das alles ist heute allerdings nur ein Traum. Ottla hat keine Verbindung mit dem Vater, muß ihren Weg allein suchen, wie ich, und um das Mehr an Zuversicht, Selbstvertrauen, Gesundheit, Bedenkenlosigkeit, das sie im Vergleich mit mir hat, ist sie in Deinen Augen böser und verräterischer als ich. Ich verstehe das; von Dir aus gesehen kann sie nicht anders sein. Ja sie selbst ist imstande, mit Deinen Augen sich anzusehn, Dein Leid mitzufühlen und darüber – nicht verzweifelt zu sein, Verzweiflung ist meine Sache – aber sehr traurig zu sein. Du siehst uns zwar, in scheinbarem Widerspruch hiezu, oft beisammen, wir flüstern, lachen, hie und da hörst Du Dich erwähnen. Du hast den Eindruck von frechen Verschwörern. Merkwürdige Verschwörer. Du bist allerdings ein Hauptthema unserer Gespräche, wie unseres Denkens seit jeher, aber wahrhaftig nicht, um etwas gegen Dich auszudenken, sitzen wir beisammen, sondern um mit aller Anstrengung, mit Spaß, mit Ernst, mit Liebe, Trotz, Zorn, Widerwille, Ergebung, Schuldbewußtsein, mit allen Kräften des Kopfes und Herzens diesen schrecklichen Proceß, der zwischen uns und Dir schwebt, in allen Einzelnheiten, von allen Seiten, bei allen Anlässen, von fern und nah gemeinsam durchzusprechen, diesen Proceß, in dem Du immerfort Richter zu sein behauptest, während Du, wenigstens zum größten Teil (hier lasse ich die Tür allen Irrtümern offen, die mir natürlich begegnen können), ebenso schwache und verblendete Partei bist, wie wir.

Ein im Zusammenhang des Ganzen lehrreiches Beispiel Deiner erzieherischen Wirkung war Irma. Einerseits war sie doch eine Fremde, kam schon erwachsen in Dein Geschäft, hatte mit Dir hauptsächlich als ihrem Chef zu tun, war also nur zum Teil und in einem schon widerstandsfähigen Alter Deinem Einfluß ausgesetzt; andererseits aber war sie doch auch eine Blutsverwandte, verehrte in Dir den Bruder ihres Vaters und Du hattest über sie viel mehr als die bloße Macht eines Chefs. Und trotzdem ist sie, die in ihrem schwachen Körper so tüchtig, klug, fleißig, bescheiden, vertrauenswürdig, uneigennützig, treu war, die Dich als Onkel liebte und als Chef bewunderte, die in andern Posten vorher und nachher sich bewährte – Dir keine sehr gute Beamtin gewesen. Sie war eben, natürlich auch von uns hingedrängt, Dir gegenüber nahe der Kinderstellung und so groß war noch ihr gegenüber die umbiegende Macht Deines Wesens, daß sich bei ihr (allerdings nur Dir gegenüber und, hoffentlich, ohne das tiefere Leid des Kindes) Vergeßlichkeit, Nachlässigkeit, Galgenhumor, vielleicht sogar ein wenig Trotz, soweit sie dessen überhaupt fähig war, entwickelten, wobei ich gar nicht in Rechnung stelle, daß sie kränklich gewesen ist, auch sonst nicht sehr glücklich war und eine trostlose Häuslichkeit auf ihr lastete. Das für mich Beziehungsreiche Deines Verhältnisses zu ihr hast Du in einem für uns klassisch gewordenen, fast gotteslästerlichen, aber gerade für die Unschuld in Deiner Menschenbehandlung sehr beweisenden Satz zusammengefaßt: »Die Gottselige hat mir viel Schweinerei hinterlassen.«

Ich könnte noch weitere Kreise Deines Einflusses und des Kampfes gegen ihn beschreiben, doch käme ich hier schon ins Unsichere und müßte konstruieren, außerdem wirst Du ja, je weiter Du von Geschäft und Familie Dich entfernst, seit jeher desto freundlicher, nachgiebiger, höflicher, rücksichtsvoller, teilnehmender (ich meine: auch äußerlich) ebenso wie ja z. B. auch ein Selbstherrscher, wenn er einmal außerhalb der Grenzen seines Landes ist, keinen Grund hat noch immer tyrannisch zu sein und sich gutmütig auch mit den niedrigsten Leuten einlassen kann. Tatsächlich standest Du z. B. auf den Gruppenbildern aus Franzensbad immer so groß und fröhlich zwischen den kleinen mürrischen Leuten, wie ein König auf Reisen. Davon hätten allerdings auch die Kinder ihren Vorteil haben können, nur hätten sie schon, was unmöglich war, in der Kinderzeit fähig sein müssen, das zu erkennen und ich z. B. hätte nicht immerfort gewissermaßen im innersten, strengsten, zuschnürenden Ring Deines Einflusses wohnen dürfen, wie ich es ja wirklich getan habe.

Ich verlor dadurch nicht nur den Familiensinn, wie Du sagst, im Gegenteil, eher hatte ich noch Sinn für die Familie, allerdings hauptsächlich negativ, für die (natürlich nie zu beendigende) innere Ablösung von Dir. Die Beziehungen zu den Menschen außerhalb der Familie litten aber durch Deinen Einfluß womöglich noch mehr. Du bist durchaus im Irrtum wenn Du glaubst, für die andern Menschen tue ich aus Liebe und Treue alles, für Dich und die Familie aus Kälte und Verrat nichts. Ich wiederhole zum zehntenmal: ich wäre wahrscheinlich auch sonst ein menschenscheuer ängstlicher Mensch geworden, aber von da ist noch ein langer dunkler Weg dorthin, wohin ich wirklich gekommen bin. [Bisher habe ich in diesem Brief verhältnismäßig weniges absichtlich verschwiegen, jetzt und später werde ich aber einiges verschweigen müssen, was (vor Dir und mir) einzugestehn, mir noch zu schwer ist. Ich sage das deshalb, damit Du, wenn das Gesamtbild hie und da etwas undeutlich werden sollte, nicht glaubst, daß Mangel an Beweisen daran schuld ist, es sind vielmehr Beweise da, die das Bild unerträglich kraß machen könnten. Es ist nicht leicht darin eine Mitte zu finden.] Hier genügt es übrigens an früheres zu erinnern: Ich hatte vor Dir das Selbstvertrauen verloren, dafür ein grenzenloses Schuldbewußtsein eingetauscht. (In Erinnerung an diese Grenzenlosigkeit schrieb ich von jemandem einmal richtig: »Er fürchtet, die Scham werde ihn noch überleben.«) Ich konnte mich nicht plötzlich verwandeln, wenn ich mit andern Menschen zusammenkam, ich kam vielmehr ihnen gegenüber noch in tieferes Schuldbewußtsein, denn ich mußte ja, wie ich schon sagte, das an ihnen gutmachen, was Du unter meiner Mitverantwortung im Geschäft an ihnen verschuldet hattest. Außerdem hattest Du ja gegen jeden, mit dem ich verkehrte, offen oder im geheimen etwas einzuwenden, auch das mußte ich ihm abbitten. Das Mißtrauen, das Du mir in Geschäft und Familie gegen die meisten Menschen beizubringen suchtest (nenne mir einen in der Kinderzeit irgendwie für mich bedeutenden Menschen, den Du nicht wenigstens einmal bis in den Grund hinunterkritisiert hättest) und das Dich merkwürdigerweise gar nicht besonders beschwerte (Du warst eben stark genug es zu ertragen, außerdem war es in Wirklichkeit vielleicht nur ein Emblem des Herrschers) – dieses Mißtrauen, das sich mir Kleinem für die eigenen Augen nirgends bestätigte, da ich überall nur unerreichbar ausgezeichnete Menschen sah, wurde in mir zu Mißtrauen gegen mich selbst und zur fortwährenden Angst vor allen andern. Dort konnte ich mich also im allgemeinen vor Dir gewiß nicht retten. Daß Du Dich darüber täuschtest, lag vielleicht daran, daß Du ja von meinem Menschenverkehr eigentlich gar nichts erfuhrst, und mißtrauisch und eifersüchtig (leugne ich denn, daß Du mich lieb hast?) annahmst, daß ich mich für den Entgang an Familienleben anderswo entschädigen müsse, da es doch unmöglich wäre, daß ich draußen ebenso lebe. Übrigens hatte ich in dieser Hinsicht gerade in meiner Kinderzeit noch einen gewissen Trost eben im Mißtrauen zu meinem Urteil; ich sagte mir: »Du übertreibst doch, fühlst, wie das die Jugend immer tut, Kleinigkeiten zu sehr als große Ausnahmen.« Diesen Trost habe ich aber später bei steigender Weltübersicht fast verloren.

Ebenso wenig Rettung vor Dir fand ich im Judentum. Hier wäre ja an sich Rettung denkbar gewesen, oder noch mehr, es wäre denkbar gewesen, daß wir uns beide im Judentum gefunden hätten oder daß wir gar von dort einig ausgegangen wären. Aber was war das für Judentum, das ich von Dir bekam! Ich habe im Laufe der Jahre etwa auf dreierlei Art mich dazu gestellt.

Als Kind machte ich mir, in Übereinstimmung mit Dir Vorwürfe deshalb, weil ich nicht genügend in den Tempel ging, nicht fastete u. s. w. Ich glaubte nicht mir, sondern Dir ein Unrecht damit zu tun und Schuldbewußtsein, das ja immer bereit war, durchlief mich.

Später als junger Mensch verstand ich nicht, wie Du mit dem Nichts von Judentum, über das Du verfügtest, mir Vorwürfe machen konntest, daß ich (schon aus Pietät, wie Du Dich ausdrücktest) nicht ein ähnliches Nichts auszuführen mich anstrenge. Es war ja wirklich, soweit ich sehen konnte, ein Nichts, ein Spaß, nicht einmal ein Spaß. Du giengst an vier Tagen im Jahr in den Tempel, warst dort den Gleichgültigen zumindest näher, als jenen, die es ernst nahmen, erledigtest geduldig die Gebete als Formalität, setztest mich manchmal dadurch in Erstaunen, daß Du mir im Gebetbuch die Stelle aufmischen konntest, die gerade recitiert wurde, im übrigen durfte ich, wenn ich nur (das war die Hauptsache) im Tempel war, mich herumdrücken, wo ich wollte. Ich durchgähnte und durchduselte also dort die vielen Stunden (so gelangweilt habe ich mich später, glaube ich, nur noch in der Tanzstunde) und suchte mich möglichst an den paar kleinen Abwechslungen zu freuen, die es dort gab, etwa wenn die Bundeslade aufgemacht wurde, was mich immer an die Schießbuden erinnerte, wo auch, wenn man in ein Schwarzes traf, eine Kastentüre sich aufmachte, nur daß dort aber immer etwas Interessantes herauskam und hier nur immer wieder die alten Puppen ohne Köpfe. Übrigens habe ich dort auch viel Furcht gehabt, nicht nur wie selbstverständlich vor den vielen Leuten, mit denen man in nähere Berührung kam, sondern auch deshalb, weil Du einmal nebenbei erwähntest, daß auch ich zur Thora aufgerufen werden könne. Davor zitterte ich jahrelang. Sonst aber wurde ich in meiner Langweile nicht wesentlich gestört, höchstens durch die Barmizwe, die aber nur lächerliches Auswendiglernen verlangte, also nur zu einer lächerlichen Prüfungsleistung führte, und dann, was Dich betrifft durch kleine, wenig bedeutende Vorfälle, etwa wenn Du zur Thora gerufen wurdest und dieses für mein Gefühl ausschließlich gesellschaftliche Ereignis gut überstandest oder wenn Du bei der Seelengedächtnisfeier im Tempel bliebst und ich weggeschickt wurde, was mir durch lange Zeit, offenbar wegen des Weggeschickt-werdens und mangels jeder tieferen Teilnahme, lange das kaum bewußt werdende Gefühl hervorrief, daß es sich hier um etwas Unanständiges handle. – So war es im Tempel, zuhause war es womöglich noch ärmlicher und beschränkte sich auf den ersten Sederabend, der immer mehr zu einer Komödie mit Lachkrämpfen wurde, allerdings unter dem Einfluß der größer werdenden Kinder. (Warum mußtest Du Dich diesem Einfluß fügen? Weil Du ihn hervorgerufen hast.) Das war also das Glaubensmaterial, das mir überliefert wurde, dazu kam höchstens noch die ausgestreckte Hand, die auf »die Söhne des Millionärs Fuchs« hinwies, die an den hohen Feiertagen mit ihrem Vater im Tempel waren. Wie man mit diesem Material etwas besseres tun könnte, als es möglichst schnell loszuwerden, verstand ich nicht; gerade dieses Loswerden schien mir die pietätvollste Handlung zu sein.

Noch später sah ich es aber doch wieder anders an und begriff, warum Du glauben durftest, daß ich Dich auch in dieser Hinsicht böswillig verrate. Du hattest aus der kleinen ghettoartigen Dorfgemeinde wirklich noch etwas Judentum mitgebracht, es war nicht viel und verlor sich noch ein wenig in der Stadt und beim Militär, immerhin reichten noch die Eindrücke und Erinnerungen der Jugend knapp zu einer Art jüdischen Lebens aus, besonders da Du ja nicht viel derartige Hilfe brauchtest, sondern von einem sehr kräftigen Stamm warst und für Deine Person von religiösen Bedenken, wenn sie nicht mit gesellschaftlichen Bedenken sich sehr mischten, kaum erschüttert werden konntest. Im Grund bestand der Dein Leben führende Glaube darin, daß Du an die unbedingte Richtigkeit der Meinungen einer bestimmten jüdischen Gesellschaftsklasse glaubtest und eigentlich also, da diese Meinungen zu Deinem Wesen gehörten, Dir selbst glaubtest. Auch darin lag noch genug Judentum, aber zum Weiter-überliefert-werden war es gegenüber dem Kind zu wenig, es vertropfte zur Gänze während Du es weitergabst. Zum Teil waren es unüberlieferbare Jugendeindrücke, zum Teil Dein gefürchtetes Wesen. Es war auch unmöglich, einem vor lauter Ängstlichkeit überscharf beobachtenden Kind begreiflich zu machen, daß die paar Nichtigkeiten, die Du im Namen des Judentums mit einer ihrer Nichtigkeit entsprechenden Gleichgültigkeit ausführtest, einen höheren Sinn haben konnten. Für Dich hatten sie Sinn als kleine Andenken aus frühern Zeiten und deshalb wolltest Du sie mir vermitteln, konntest dies aber, da sie ja auch für Dich keinen Selbstwert mehr hatten, nur durch Überredung oder Drohung tun; das konnte einerseits nicht gelingen und mußte andererseits

Dich, da Du Deine schwache Position hier gar nicht erkanntest, sehr zornig gegen mich wegen meiner scheinbaren Verstocktheit machen.

Das Ganze ist ja keine vereinzelte Erscheinung, ähnlich verhielt es sich bei einem großen Teil dieser jüdischen Übergangsgeneration, welche vom verhältnismäßig noch frommen Land in die Städte abwanderte; das ergab sich von selbst, nur fügte es eben unserem Verhältnis, das ja an Schärfen keinen Mangel hatte, noch eine genug schmerzliche hinzu. Dagegen sollst Du zwar auch in diesem Punkt, ebenso wie ich, an Deine Schuldlosigkeit glauben, diese Schuldlosigkeit aber durch Dein Wesen und durch die Zeitverhältnisse erklären, nicht aber bloß durch die äußern Umstände, also nicht etwa sagen, Du hättest zu viel andere Arbeit und Sorgen gehabt, als daß Du Dich auch noch mit solchen Dingen hättest abgeben können. Auf diese Weise pflegst Du aus Deiner zweifellosen Schuldlosigkeit einen ungerechten Vorwurf gegen andere zu drehn. Das ist dann überall und auch hier sehr leicht zu widerlegen. Es hätte sich doch nicht etwa um irgendeinen Unterricht gehandelt, den Du Deinen Kindern hättest geben sollen, sondern um ein beispielhaftes Leben; wäre Dein Judentum stärker gewesen, wäre auch Dein Beispiel zwingender gewesen, das ist ja selbstverständlich und wieder gar kein Vorwurf, sondern nur eine Abwehr Deiner Vorwürfe. Du hast letzthin Franklins Jugenderinnerungen gelesen. Ich habe sie Dir wirklich absichtlich zum Lesen gegeben, aber nicht, wie Du ironisch bemerktest, wegen einer kleinen Stelle über Vegetarianismus, sondern wegen des Verhältnisses zwischen dem Verfasser und seinem Vater, wie es dort beschrieben ist und des Verhältnisses zwischen dem Verfasser und seinem Sohn, wie es sich von selbst in diesen für den Sohn geschriebenen Erinnerungen ausdrückt. Ich will hier nicht Einzelnheiten hervorheben.

Eine gewisse nachträgliche Bestätigung dieser Auffassung von Deinem Judentum bekam ich durch Dein Verhalten in den letzten Jahren, als es Dir schien, daß ich mich mit jüdischen Dingen mehr beschäftige. Da Du von vornherein gegen jede meiner Beschäftigungen und besonders gegen die Art meiner Interessenahme eine Abneigung hast, so hattest Du sie auch hier. Aber darüber hinaus hätte man doch erwarten können, daß Du hier eine kleine Ausnahme machst. Es war doch Judentum von Deinem Judentum, das sich hier regte, und damit also auch die Möglichkeit der Anknüpfung neuer Beziehungen zwischen uns. Ich leugne nicht, daß mir diese Dinge, wenn Du für sie Interesse gezeigt hättest, gerade dadurch hätten verdächtig werden können. Es fällt mir ja nicht ein, behaupten zu wollen, daß ich in dieser Hinsicht irgendwie besser bin als Du. Aber zu der Probe darauf kam es gar nicht. Durch meine Vermittlung wurde Dir das Judentum abscheulich, jüdische Schriften unlesbar, sie »ekelten Dich an«. Das konnte bedeuten, daß Du darauf bestandest, nur gerade das Judentum wie Du es mir in meiner Kinderzeit gezeigt hattest, sei das einzig Richtige, darüber hinaus gebe es nichts. Aber daß Du darauf bestehen solltest, war doch kaum denkbar. Dann aber konnte der »Ekel« (abgesehen davon daß er sich zunächst nicht gegen das Judentum, sondern gegen meine Person richtete) nur bedeuten, daß Du unbewußt die Schwäche Deines Judentums und meiner jüdischen Erziehung anerkanntest, auf keine Weise daran erinnert werden wolltest und auf alle Erinnerungen mit offenem Hasse antwortetest. Übrigens war Deine negative Hochschätzung meines neuen Judentums sehr übertrieben; erstens trug es ja Deinen Fluch in sich und zweitens war für seine Entwicklung das grundsätzliche Verhältnis zu den Mitmenschen entscheidend, in meinem Fall also tödlich.

Richtiger trafst Du mit Deiner Abneigung mein Schreiben

und was, Dir unbekannt, damit zusammenhing. Hier war ich tatsächlich ein Stück selbstständig von Dir weggekommen, wenn es auch ein wenig an den Wurm erinnerte, der, hinten von einem Fuß niedergetreten, sich mit dem Vorderteil losreißt und zur Seite schleppt. Einigermaßen in Sicherheit war ich, es gab ein Aufatmen; die Abneigung, die Du natürlich gleich auch gegen mein Schreiben hattest, war mir hier ausnahmsweise willkommen. Meine Eitelkeit, mein Ehrgeiz litten zwar unter Deiner für uns berühmt gewordenen Begrüßung meiner Bücher: »Leg's auf den Nachttisch!« (meistens spieltest Du ja Karten, wenn ein Buch kam), aber im Grunde war mir dabei doch wohl, nicht nur aus aufbegehrender Bosheit, nicht nur aus Freude über eine neue Bestätigung meiner Auffassung unseres Verhältnisses, sondern ganz ursprünglich, weil jene Formel mir klang wie etwa: »Jetzt bist Du frei!« Natürlich war es eine Täuschung, ich war nicht oder allergünstigsten Falles noch nicht frei. Mein Schreiben handelte von Dir, ich klagte dort ja nur, was ich an Deiner Brust nicht klagen konnte. Es war ein absichtlich in die Länge gezogener Abschied von Dir, nur daß er zwar von Dir erzwungen war, aber in der von mir bestimmten Richtung verlief. Aber wie wenig war das alles! Es ist ja überhaupt nur deshalb der Rede wert, weil es sich in meinem Leben ereignet hat, anderswo wäre es gar nicht zu merken, und dann noch deshalb, weil es mir in der Kindheit als Ahnung, später als Hoffnung, noch später oft als Verzweiflung mein Leben beherrschte und mir – wenn man will, doch wieder in Deiner Gestalt – meine paar kleinen Entscheidungen diktierte.

Zum Beispiel die Berufswahl. Gewiß, Du gabst mir hier völlige Freiheit in Deiner großzügigen und in diesem Sinn sogar geduldigen Art. Allerdings folgtest Du hiebei auch der für Dich maßgebenden allgemeinen Söhnebehandlung des jüdischen Mittelstandes oder zumindest den Werturteilen dieses Standes. Schließlich wirkte hiebei auch eines Deiner Mißverständnisse hinsichtlich meiner Person mit. Du hältst mich nämlich seit jeher aus Vaterstolz, aus Unkenntnis meines eigentlichen Daseins, aus Rückschlüssen aus meiner Schwächlichkeit für besonders fleißig. Als Kind habe ich Deiner Meinung nach immerfort gelernt und später immerfort geschrieben. Das stimmt nun nicht im entferntesten. Eher kann man mit viel weniger Übertreibung sagen, daß ich wenig gelernt und nichts erlernt habe; daß etwas in den vielen Jahren bei einem mittleren Gedächtnis, bei nicht allerschlechtester Auffassungskraft hängen geblieben ist, ist ja nicht sehr merkwürdig, aber jedenfalls ist das Gesamtergebnis an Wissen und besonders an Fundierung des Wissens äußerst kläglich im Vergleich zu dem Aufwand an Zeit und Geld inmitten eines äußerlich sorglosen, ruhigen Lebens, besonders auch im Vergleich zu fast allen Leuten, die ich kenne. Es ist kläglich, aber für mich verständlich. Ich hatte, seitdem ich denken kann, solche tiefste Sorgen der geistigen Existenzbehauptung, daß mir alles andere gleichgültig war. Jüdische Gymnasiasten bei uns sind leicht merkwürdig, man findet da das Unwahrscheinlichste, aber meine kalte, kaum verhüllte, unzerstörbare, kindlich hilflose, bis ins Lächerliche gehende, tierisch selbstzufriedene Gleichgültigkeit eines für sich genug, aber kalt phantastischen Kindes habe ich sonst nirgends wieder gefunden, allerdings war sie hier auch der einzige Schutz gegen die Nervenzerstörung durch Angst und Schuldbewußtsein. Mich beschäftigte nur die Sorge um mich, diese aber in verschiedenster Weise. Etwa als Sorge um meine Gesundheit; es fieng leicht an, hier und dort ergab sich eine kleine Befürchtung wegen der Verdauung, des Haarausfalls, einer Rückgratverkrümmung u. s. w., das steigerte sich in unzählbaren Abstufungen, schließlich endete es mit einer wirklichen Krankheit. Was war das alles? Nicht eigentlich körperliche Krankheit. Aber da ich keines Dinges sicher war, von jedem Augenblick eine neue Bestätigung meines Daseins brauchte, nichts in meinem eigentlichen, unzweifelhaften, alleinigen, nur durch mich eindeutig bestimmten Besitz war, in Wahrheit ein enterbter Sohn, wurde mir natürlich auch das Nächste, der eigene Körper unsicher; ich wuchs lang in die Höhe, wußte damit aber nichts anzufangen, die Last war zu schwer, der Rücken wurde krumm; ich wagte mich kaum zu bewegen oder gar zu turnen, ich blieb schwach; staunte alles, worüber ich noch verfügte als Wunder an, etwa meine gute Verdauung; das genügte um sie zu verlieren und damit war der Weg zu aller Hypochondrie frei, bis dann unter der übermenschlichen Anstrengung des Heiraten-Wollens (darüber spreche ich noch) das Blut aus der Lunge kam, woran ja die Wohnung im Schönbornpalais – die ich aber nur deshalb brauchte, weil ich sie für mein Schreiben zu brauchen glaubte, so daß auch das auf dieses Blatt gehört – genug Anteil gehabt haben kann. Also das alles stammte nicht von übergroßer Arbeit, wie Du es Dir immer vorstellst. Es gab Jahre, in denen ich bei voller Gesundheit mehr Zeit auf dem Kanapee verfaulenzt habe, als Du in Deinem ganzen Leben, alle Krankheiten eingerechnet. Wenn ich höchstbeschäftigt von Dir fortlief, war es meist, um mich in meinem Zimmer hinzulegen. Meine Gesamtarbeitsleistung sowohl im Bureau (wo allerdings Faulheit nicht sehr auffällt und überdies durch meine Ängstlichkeit in Grenzen gehalten war) als auch zuhause ist winzig, hättest Du darüber einen Überblick, würde es Dich entsetzen. Wahrscheinlich bin ich in meiner Anlage gar nicht faul, aber es gab für mich nichts zu tun. Dort, wo ich lebte, war ich verworfen, abgeurteilt, niedergekämpft und anderswohin mich zu flüchten strengte ich mich zwar äußerst an, aber das war keine Arbeit, denn es handelte sich um Unmögliches, das für meine Kräfte bis auf kleine Ausnahmen unerreichbar war.

In diesem Zustand bekam ich also die Freiheit der Berufswahl. War ich aber überhaupt noch fähig eine solche Freiheit eigentlich zu gebrauchen? Traute ich mir es denn noch zu, einen wirklichen Beruf erreichen zu können? Meine Selbstbewertung war von Dir viel abhängiger, als von irgendetwas sonst, etwa von einem äußern Erfolg. Der war die Stärkung eines Augenblicks, sonst nichts, aber auf der andern Seite zog Dein Gewicht immer viel stärker hinunter. Niemals würde ich durch die erste Volksschulklasse kommen, dachte ich, aber es gelang, ich bekam sogar eine Prämie; aber die Aufnahmsprüfung ins Gymnasium würde ich gewiß nicht bestehn, aber es gelang; aber nun falle ich in der ersten Gymnasialklasse bestimmt durch, nein, ich fiel nicht durch und es gelang immer weiter und weiter. Daraus ergab sich aber keine Zuversicht, im Gegenteil, immer war ich überzeugt – und in Deiner abweisenden Miene hatte ich förmlich den Beweis dafür – daß, je mehr mir gelingt, desto schlimmer es schließlich wird ausgehn müssen. Oft sah ich im Geist die schreckliche Versammlung der Professoren (das Gymnasium ist nur das einheitlichste Beispiel, überall um mich war es aber ähnlich), wie sie, wenn ich die Prima überstanden hatte, also in der Sekunda, wenn ich diese überstanden hatte, also in der Tertia u. s. w. zusammenkommen würden, um diesen einzigartigen himmelschreienden Fall zu untersuchen, wie es mir, dem Unfähigsten und jedenfalls Unwissendsten gelungen war, mich bis hinauf in diese Klasse zu schleichen, die mich, da nun die allgemeine Aufmerksamkeit auf mich gelenkt war, natürlich sofort ausspeien würde, zum Jubel aller von diesem Albdruck befreiten Gerechten. Mit solchen Vorstellungen zu leben ist für ein Kind nicht leicht. Was kümmerte mich unter diesen Umständen der Unterricht? Wer war imstande aus mir einen Funken von Anteilnahme herauszuschlagen? Mich interessierte der Unterricht und nicht nur der Unterricht, sondern alles ringsherum in diesem entscheidenden Alter etwa so, wie einen Bankdefraudanten, der noch in Stellung ist und vor der Entdeckung zittert, das kleine laufende Bankgeschäft interessiert, das er noch immer als Beamter zu erledigen hat. So klein, so fern war alles neben der Hauptsache. Es gieng dann weiter bis zur Matura, durch die ich wirklich schon zum Teil nur durch Schwindel kam, und dann stockte es, jetzt war ich frei. Hatte ich schon trotz dem Zwang des Gymnasiums mich nur auf mich koncentriert, wie erst jetzt, da ich frei war. Also eigentliche Freiheit der Berufswahl gab es für mich nicht, ich wußte: alles wird mir gegenüber der Hauptsache genau so gleichgültig sein, wie alle Lehrgegenstände im Gymnasium, es handelt sich also darum einen Beruf zu finden, der mir, ohne meine Eitelkeit allzusehr zu verletzen, diese Gleichgültigkeit am ehesten erlaubt. Also war Jus das Selbstverständliche. Kleine gegenteilige Versuche der Eitelkeit, der Hoffnung, wie vierzehntägiges Chemiestudium, halbjähriges Deutschstudium verstärkten nur jene Grundüberzeugung. Ich studierte also Jus. Das bedeutete, daß ich mich in den paar Monaten vor den Prüfungen unter reichlicher Mitnahme der Nerven geistig förmlich von Holzmehl nährte, das mir überdies schon von tausenden Mäulern vorgekaut war. Aber in gewissem Sinn schmeckte mir das gerade, wie in gewissem Sinn früher das Gymnasium und später der Beamtenberuf, denn das alles entsprach vollkommen meiner Lage. Jedenfalls zeigte ich hier erstaunliche Voraussicht, schon als kleines Kind hatte ich hinsichtlich der Studien und des Berufes genug klare Vorahnungen. Von hier aus erwartete ich keine Rettung, hier hatte ich schon längst verzichtet.

Gar keine Voraussicht fast zeigte ich aber hinsichtlich der

Bedeutung und Möglichkeit einer Ehe für mich; dieser bisher größte Schrecken meines Lebens ist fast vollständig unerwartet über mich gekommen. Das Kind hatte sich so langsam entwickelt, diese Dinge lagen ihm äußerlich gar zu abseits, hie und da ergab sich die Notwendigkeit daran zu denken; daß sich hier aber eine dauernde, entscheidende und sogar die erbittertste Prüfung vorbereite, war nicht zu erkennen. In Wirklichkeit aber wurden die Heiratsversuche der großartigste und hoffnungsreichste Versuch Dir zu entgehn, entsprechend großartig war dann allerdings auch das Mißlingen.

Ich fürchte, weil mir in dieser Gegend alles mißlingt, daß es mir auch nicht gelingen wird, Dir diese Heiratsversuche verständlich zu machen. Und doch hängt das Gelingen des ganzen Briefes davon ab, denn in diesen Versuchen war einerseits alles versammelt, was ich an positiven Kräften zur Verfügung hatte, andererseits sammelten sich hier auch geradezu mit Wut alle negativen Kräfte, die ich als Mitergebnis Deiner Erziehung beschrieben habe, also die Schwäche, der Mangel an Selbstvertrauen, das Schuldbewußtsein und zogen förmlich einen Kordon zwischen mir und der Heirat. Die Erklärung wird mir auch deshalb schwer werden, weil ich hier alles in sovielen Tagen und Nächten durchdacht und durchgraben habe, daß selbst mich jetzt der Anblick schon verwirrt. Erleichtert wird mir die Erklärung nur durch Dein meiner Meinung nach vollständiges Mißverstehn der Sache; ein so vollständiges Mißverstehn ein wenig zu verbessern, scheint nicht übermäßig schwer.

Zunächst stellst Du das Mißlingen der Heiraten in die Reihe meiner sonstigen Mißerfolge; dagegen hätte ich an sich nichts, vorausgesetzt daß Du meine bisherige Erklärung der Mißerfolge annimmst. Es steht tatsächlich in dieser Reihe, nur die Bedeutung der Sache unterschätzt Du und unterschätzt sie derartig, daß wir, wenn wir mit einander davon reden, eigentlich von ganz verschiedenem sprechen. Ich wage zu sagen, daß Dir in Deinem ganzen Leben nichts geschehen ist, was für Dich eine solche Bedeutung gehabt hätte, wie für mich die Heiratsversuche. Damit meine ich nicht, daß Du an sich nichts so Bedeutendes erlebt hättest, im Gegenteil, Dein Leben war viel reicher und sorgenvoller und gedrängter als meines, aber eben deshalb ist Dir nichts derartiges geschehn. Es ist so wie wenn einer fünf niedrige Treppenstufen hinaufzusteigen hat und ein zweiter nur eine Treppenstufe, die aber so hoch ist wie jene fünf zusammen; der Erste wird nicht nur die fünf bewältigen, sondern noch hunderte und tausende weitere, er wird ein großes und sehr anstrengendes Leben geführt haben, aber keine der Stufen, die er erstiegen hat, wird für ihn eine solche Bedeutung gehabt haben, wie für den Zweiten jene eine, erste, hohe, für alle seine Kräfte unmöglich zu ersteigende Stufe, zu der er nicht hinauf und über die er natürlich auch nicht hinauskommt.

Heiraten, eine Familie gründen, alle Kinder, welche kommen wollen, hinnehmen, in dieser unsichern Welt erhalten und gar noch ein wenig führen ist meiner Überzeugung nach das Äußerste, das einem Menschen überhaupt gelingen kann. Daß es scheinbar so vielen leicht gelingt, ist kein Gegenbeweis, denn erstens gelingt es tatsächlich nicht vielen und zweitens »tun« es diese Nichtvielen meistens nicht, sondern es geschieht bloß mit ihnen; das ist zwar nicht jenes Äußerste, aber doch noch sehr groß und sehr ehrenvoll (besonders da sich »tun« und »geschehn« nicht rein von einander scheiden lassen). Und schließlich handelt es sich auch gar nicht um dieses Äußerste, sondern nur um irgendeine ferne, aber anständige Annäherung; es ist doch nicht notwendig mitten in die Sonne hineinzufliegen, aber doch bis zu einem reinen Plätzchen auf der Erde hinzukriechen, wo manchmal die Sonne hinscheint und man sich ein wenig wärmen kann.

Wie war ich nun auf dieses vorbereitet? Möglichst schlecht. Das geht schon aus dem bisherigen hervor. Soweit es aber dafür eine direkte Vorbereitung des Einzelnen und eine direkte Schaffung der allgemeinen Grundbedingungen gibt, hast Du äußerlich nicht viel eingegriffen. Es ist auch nicht anders möglich, hier entscheiden die allgemeinen geschlechtlichen Standes-, Volks- und Zeitsitten. Immerhin hast Du auch da eingegriffen, nicht viel, denn die Voraussetzung solchen Eingreifens kann nur starkes gegenseitiges Vertrauen sein, und daran fehlte es uns beiden schon längst zur entscheidenden Zeit, und nicht sehr glücklich, weil ja unsere Bedürfnisse ganz verschieden waren; was mich packt, muß Dich noch kaum berühren und umgekehrt, was bei Dir Unschuld ist, kann bei mir Schuld sein und umgekehrt, was bei Dir folgenlos bleibt, kann mein Sargdeckel sein.

Ich erinnere mich, ich gieng einmal abend mit Dir und der Mutter spazieren, es war auf dem Josefsplatz in der Nähe der heutigen Länderbank und fing dumm großtuerisch, überlegen, stolz, kühl (das war unwahr), kalt (das war echt) und stotternd, wie ich eben meistens mit Dir sprach, von den interessanten Sachen zu reden an, machte Euch Vorwürfe, daß ich unbelehrt gelassen worden bin, daß sich erst die Mitschüler meiner hatten annehmen müssen, daß ich in der Nähe großer Gefahren gewesen bin (hier log ich meiner Art nach unverschämt, um mich mutig zu zeigen, denn infolge meiner Ängstlichkeit hatte ich bis auf die gewöhnlichen Bettsünden der Stadtkinder keine genauere Vorstellung von den »großen Gefahren«) deutete aber zum Schluß an, daß ich jetzt schon glücklicher Weise alles wisse, keinen Rat mehr brauche und alles in Ordnung sei. Hauptsächlich hatte ich davon jedenfalls zu reden angefangen, weil es mir Lust machte, davon wenigstens zu reden, dann auch aus Neugierde und schließlich auch, um mich irgendwie für irgendetwas an

Euch zu rächen. Du nahmst es entsprechend Deinem Wesen sehr einfach, Du sagtest nur etwa, Du könnest mir einen Rat geben, wie ich ohne Gefahr diese Dinge werde betreiben können. Vielleicht hatte ich gerade eine solche Antwort hervorlocken wollen, sie entsprach ja der Lüsternheit des mit Fleisch und allen guten Dingen überfütterten, körperlich untätigen, mit sich ewig beschäftigten Kindes, aber doch war meine äußerliche Scham dadurch so verletzt oder ich glaubte, sie müsse so verletzt sein, daß ich gegen meinen Willen nicht mehr mit Dir darüber sprechen konnte und hochmütig frech das Gespräch abbrach.

Es ist nicht leicht Deine damalige Antwort zu beurteilen, einerseits hat sie doch etwas niederwerfend offenes, gewissermaßen urzeitliches, andererseits ist sie allerdings, was die Lehre selbst betrifft, sehr neuzeitlich bedenkenlos. Ich weiß nicht, wie alt ich damals war, viel älter als sechzehn Jahre gewiß nicht. Für einen solchen Jungen war es aber doch eine sehr merkwürdige Antwort und der Abstand zwischen uns beiden zeigt sich auch darin, daß das eigentlich die erste direkte, Leben-umfassende Lehre war, die ich von Dir bekam. Ihr eigentlicher Sinn aber, der sich schon damals in mich einsenkte, mir aber erst viel später halb zu Bewußtsein kam, war folgender: Das, wozu Du mir rietest, war doch das Deiner Meinung und gar erst meiner damaligen Meinung nach schmutzigste, was es gab. Daß Du dafür sorgen wolltest, daß ich körperlich von dem Schmutz nichts nachhause bringe, war nebensächlich, dadurch schütztest Du ja nur Dich, Dein Haus. Die Hauptsache war vielmehr, daß Du außerhalb Deines Rates bliebst, ein Ehemann, ein reiner Mann, erhaben über diese Dinge; das verschärfte sich damals für mich wahrscheinlich noch dadurch, daß mir auch die Ehe schamlos vorkam und es mir daher unmöglich war, das, was ich allgemeines über die Ehe gehört hatte, auf meine Eltern anzuwenden. Dadurch wurdest Du noch reiner, kamst noch höher. Der Gedanke, daß Du etwa vor der Ehe auch Dir einen ähnlichen Rat hättest geben können, war mir völlig undenkbar. So war also fast kein Restchen irdischen Schmutzes an Dir. Und eben Du stießest mich, so als wäre ich dazu bestimmt, mit paar offenen Worten in diesen Schmutz hinunter. Bestand die Welt also nur aus mir und Dir, eine Vorstellung, die mir sehr nahe lag, dann endete also mit Dir die Reinheit der Welt und mit mir begann kraft Deines Rates der Schmutz. An sich war es ja unverständlich, daß Du mich so verurteiltest, nur alte Schuld und tiefste Verachtung Deinerseits konnte mir das erklären. Und damit war ich also wieder in meinem innersten Wesen angefaßt undzwar sehr hart.

Hier wird vielleicht auch unser beider Schuldlosigkeit am deutlichsten. A. gibt dem B. einen offenen, seiner Lebensauffassung entsprechenden, nicht sehr schönen, aber doch auch heute in der Stadt durchaus üblichen, Gesundheitsschädigungen vielleicht verhindernden Rat. Dieser Rat ist für B. moralisch nicht sehr stärkend, aber warum sollte er sich aus dem Schaden nicht im Laufe der Jahre herausarbeiten können, übrigens muß er ja dem Rat gar nicht folgen und jedenfalls liegt in dem Rat allein kein Anlaß dafür, daß über B. etwa seine ganze Zukunftswelt zusammenbricht. Und doch geschieht etwas in dieser Art, aber eben nur deshalb weil A. Du bist und B. ich bin.

Diese beiderseitige Schuldlosigkeit kann ich auch deshalb besonders gut überblicken, weil sich ein ähnlicher Zusammenstoß zwischen uns unter ganz andern Verhältnissen etwa zwanzig Jahre später wieder ereignet hat, als Tatsache grauenhaft, an und für sich allerdings viel unschädlicher, denn wo war da etwas an mir Sechsunddreißigjährigem, dem noch geschadet werden konnte. Ich meine damit eine kleine Aussprache an einem der paar aufgeregten Tage nach Mitteilung meiner letzten Heiratsabsicht. Du sagtest zu mir etwa: »Sie hat wahrscheinlich irgendeine ausgesuchte Bluse angezogen, wie das die Prager Jüdinnen verstehn und daraufhin hast Du Dich natürlich entschlossen sie zu heiraten. Undzwar möglichst rasch, in einer Woche, morgen, heute. Ich begreife Dich nicht, Du bist doch ein erwachsener Mensch, bist in der Stadt, und weißt Dir keinen andern Rat, als gleich eine Beliebige zu heiraten. Gibt es da keine anderen Möglichkeiten? Wenn Du Dich davor fürchtest, werde ich selbst mit Dir hingehn.« Du sprachst ausführlicher und deutlicher, aber ich kann mich an die Einzelnheiten nicht mehr erinnern, vielleicht wurde mir auch ein wenig nebelhaft vor den Augen, fast interessierte mich mehr die Mutter, wie sie, zwar vollständig mit Dir einverstanden, immerhin etwas vom Tisch nahm und damit aus dem Zimmer gieng.

Tiefer gedemütigt hast Du mich mit Worten wohl kaum und deutlicher mir Deine Verachtung nie gezeigt. Als Du vor zwanzig Jahren ähnlich zu mir gesprochen hast, hätte man darin mit Deinen Augen sogar etwas Respekt für den frühreifen Stadtjungen sehen können, der Deiner Meinung nach schon so ohne Umwege ins Leben eingeführt werden konnte. Heute könnte diese Rücksicht die Verachtung nur noch steigern, denn der Junge, der damals einen Anlauf nahm, ist in ihm stecken geblieben und scheint Dir heute um keine Erfahrung reicher, sondern nur um zwanzig Jahre jämmerlicher. Meine Entscheidung für ein Mädchen bedeutete Dir gar nichts. Du hattest meine Entscheidungskraft (unbewußt) immer niedergehalten und glaubtest jetzt (unbewußt) zu wissen, was sie wert war. Von meinen Rettungsversuchen in andern Richtungen wußtest Du nichts, daher konntest Du auch von den Gedankengängen, die mich zu diesem Heiratsversuch geführt hatten, nichts wissen, mußtest sie zu erraten suchen und rietst entsprechend dem Gesamturteil, das Du über mich hattest, auf das Abscheulichste, Plumpste, Lächerlichste. Und zögertest keinen Augenblick, mir das auf ebensolche Weise zu sagen. Die Schande, die Du damit mir antatest, war Dir nichts im Vergleich zu der Schande, die ich Deiner Meinung nach Deinem Namen durch die Heirat machen würde.

Nun kannst Du ja hinsichtlich meiner Heiratsversuche manches mir antworten und hast es auch getan: Du könnest nicht viel Respekt vor meiner Entscheidung haben, wenn ich die Verlobung mit F. zweimal aufgelöst und zweimal wieder aufgenommen habe, wenn ich Dich und die Mutter nutzlos zu der Verlobung nach Berlin geschleppt habe u. s. w. Das alles ist wahr, aber wie kam es dazu?

Der Grundgedanke beider Heiratsversuche war ganz korrekt: einen Hausstand gründen, selbstständig werden. Ein Gedanke, der Dir ja sympatisch ist, nur daß es dann in Wirklichkeit so ausfällt, wie das Kinderspiel, wo einer die Hand des andern hält und sogar preßt und dabei ruft: »Also geh doch, geh doch, warum gehst Du nicht?« Was sich allerdings in unserem Fall dadurch kompliciert, daß Du das »geh doch!« seit jeher ehrlich gemeint hast, da Du ebenso seit jeher, ohne es zu wissen, nur kraft Deines Wesens mich gehalten oder richtiger niedergehalten hast.

Beide Mädchen waren zwar durch den Zufall, aber außerordentlich gut gewählt. Wieder ein Zeichen Deines vollständigen Mißverstehns, daß Du glauben kannst, ich der Ängstliche, Zögernde, Verdächtigende entschließe mich mit einem Ruck für eine Heirat, etwa aus Entzücken über eine Bluse. Beide Ehen wären vielmehr Vernunftehen geworden, soweit damit gesagt ist, daß Tag und Nacht, das erste Mal Jahre, das zweite Mal Monate alle meine Denkkraft an den Plan gewendet worden ist.

Keines der Mädchen hat mich enttäuscht, nur ich sie beide.

Mein Urteil über sie ist heute genau das gleiche, wie damals als ich sie heiraten wollte.

Es ist auch nicht so, daß ich beim zweiten Heiratsversuch die Erfahrungen des ersten mißachtet hätte, also leichtsinnig gewesen wäre. Die Fälle waren eben ganz verschieden, gerade die früheren Erfahrungen konnten mir im zweiten Fall, der überhaupt viel aussichtsreicher war, Hoffnung geben. Von Einzelheiten will ich hier nicht reden.

Warum also habe ich nicht geheiratet? Es gab einzelne Hindernisse wie überall, aber im Nehmen solcher Hindernisse besteht ja das Leben. Das wesentliche, vom einzelnen Fall leider unabhängige Hindernis war aber, daß ich offenbar geistig unfähig bin zu heiraten. Das äußert sich darin, daß ich von dem Augenblick an, wo ich mich entschließe zu heiraten nicht mehr schlafen kann, der Kopf glüht bei Tag und Nacht, es ist kein Leben mehr, ich schwanke verzweifelt herum. Es sind das nicht eigentlich Sorgen, die das verursachen, zwar laufen auch entsprechend meiner Schwerblütigkeit und Pedanterie unzählige Sorgen mit, aber sie sind nicht das entscheidende, sie vollenden zwar wie Würmer die Arbeit am Leichnam, aber entscheidend getroffen bin ich von anderem. Es ist der allgemeine Druck der Angst, der Schwäche, der Selbstmißachtung.

Ich will es näher zu erklären versuchen: Hier beim Heiratsversuch trifft in meinen Beziehungen zu Dir zweierlei scheinbar Entgegengesetztes so stark wie nirgends sonst zusammen. Die Heirat ist gewiß die Bürgschaft für die schärfste Selbstbefreiung und Unabhängigkeit. Ich hätte eine Familie, das Höchste, was man meiner Meinung nach erreichen kann, also auch das Höchste, was Du erreicht hast, ich wäre Dir ebenbürtig, alle alte und ewig neue Schande und Tyrannei wäre bloß noch Geschichte. Das wäre allerdings märchenhaft, aber darin liegt eben schon das Fragwürdige. Es ist zu viel, so viel kann nicht erreicht werden. Es ist so, wie wenn einer gefangen wäre und er hätte nicht nur die Absicht zu fliehen, was vielleicht erreichbar wäre, sondern auch noch undzwar gleichzeitig die Absicht, das Gefängnis in ein Lustschloß für sich umzubauen. Wenn er aber flieht, kann er nicht umbauen und wenn er umbaut, kann er nicht fliehn. Wenn ich in dem besonderen Unglücksverhältnis, in welchem ich zu Dir stehe, selbstständig werden will, muß ich etwas tun, was möglichst gar keine Beziehung zu Dir hat; das Heiraten ist zwar das Größte und gibt die ehrenvollste Selbstständigkeit, aber es ist auch gleichzeitig in engster Beziehung zu Dir. Hier hinauskommen zu wollen, hat deshalb etwas von Wahnsinn und jeder Versuch wird fast damit gestraft.

Gerade diese enge Beziehung lockt mich ja teilweise auch zum Heiraten. Ich denke mir diese Ebenbürtigkeit, die dann zwischen uns entstehen würde und die Du verstehen könntest wie keine andere, eben deshalb so schön, weil ich dann ein freier, dankbarer, schuldloser, aufrechter Sohn sein, Du ein unbedrückter, untyrannischer, mitfühlender, zufriedener Vater sein könntest. Aber zu dem Zweck müßte eben alles Geschehene ungeschehen gemacht, d. h. wir selbst ausgestrichen werden.

So wie wir aber sind, ist mir das Heiraten dadurch verschlossen, daß es gerade Dein eigenstes Gebiet ist. Manchmal stelle ich mir die Erdkarte ausgespannt und Dich quer über sie hin ausgestreckt vor. Und es ist mir dann, als kämen für mein Leben nur die Gegenden in Betracht, die Du entweder nicht bedeckst oder die nicht in Deiner Reichweite liegen. Und das sind entsprechend der Vorstellung, die ich von Deiner Größe habe, nicht viele und nicht sehr trostreiche Gegenden und besonders die Ehe ist nicht darunter.

Schon dieser Vergleich beweist, daß ich keineswegs sagen will, Du hättest mich durch Dein Beispiel aus der Ehe, so etwa wie aus dem Geschäft verjagt. Im Gegenteil, trotz aller fernen Ähnlichkeit. Ich hatte in Euerer Ehe eine in vielem mustergiltige Ehe vor mir, mustergiltig in Treue, gegenseitiger Hilfe, Kinderzahl und selbst als dann die Kinder groß wurden und immer mehr den Frieden störten, blieb die Ehe als solche davon unberührt. Gerade an diesem Beispiel bildete sich vielleicht auch mein hoher Begriff von der Ehe; daß das Verlangen nach der Ehe ohnmächtig war, hatte eben andere Gründe. Sie lagen in Deinem Verhältnis zu den Kindern, von dem ja der ganze Brief handelt.

Es gibt eine Meinung, nach der die Angst vor der Ehe manchmal davon herrührt, daß man fürchtet, die Kinder würden einem später das heimzahlen, was man selbst an den eigenen Eltern gesündigt hat. Das hat, glaube ich, in meinem Fall keine sehr große Bedeutung, denn mein Schuldbewußtsein stammt ja eigentlich von Dir und ist auch zu sehr von seiner Einzigartigkeit durchdrungen, ja dieses Gefühl der Einzigartigkeit gehört zu seinem quälenden Wesen, eine Wiederholung ist unausdenkbar. Immerhin muß ich sagen, daß mir ein solcher stummer, dumpfer, trockener, verfallener Sohn unerträglich wäre, ich würde wohl, wenn keine andere Möglichkeit wäre, vor ihm fliehn, auswandern, wie Du es erst wegen meiner Heirat machen wolltest. Also mitbeeinflußt mag ich bei meiner Heiratsunfähigkeit auch davon sein.

Viel wichtiger aber ist dabei die Angst um mich. Das ist so zu verstehn: Ich habe schon angedeutet, daß ich im Schreiben und in dem, was damit zusammenhängt, kleine Selbstständigkeitsversuche, Fluchtversuche mit allerkleinstem Erfolg gemacht habe, sie werden kaum weiterführen, vieles bestätigt mir das. Trotzdem ist es meine Pflicht oder vielmehr es besteht mein Leben darin, über ihnen zu wachen, keine Gefahr, die ich abwehren kann, ja keine Möglichkeit einer solchen Gefahr an sie herankommen zu lassen. Die Ehe ist die

Möglichkeit einer solchen Gefahr, allerdings auch die Möglichkeit der größten Förderung, mir aber genügt, daß es die Möglichkeit einer Gefahr ist. Was würde ich dann anfangen, wenn es doch eine Gefahr wäre! Wie könnte ich in der Ehe weiterleben in dem vielleicht unbeweisbaren, aber jedenfalls unwiderleglichen Gefühl dieser Gefahr! Demgegenüber kann ich zwar schwanken, aber der schließliche Ausgang ist gewiß, ich muß verzichten. Der Vergleich vom Sperling in der Hand und der Taube auf dem Dach paßt hier nur sehr entfernt. In der Hand habe ich nichts, auf dem Dach ist alles und doch muß ich – so entscheiden es die Kampfverhältnisse und die Lebensnot – das Nichts wählen. Ähnlich habe ich ja auch bei der Berufswahl wählen müssen.

Das wichtigste Ehehindernis aber ist die schon unausrottbare Überzeugung, daß zur Familienerhaltung und gar zu ihrer Führung alles das notwendig gehört, was ich an Dir erkannt habe undzwar alles zusammen, Gutes und Schlechtes, so wie es organisch in Dir vereinigt ist, also Stärke und Verhöhnung des andern, Gesundheit und eine gewisse Maßlosigkeit, Redebegabung und Unzugänglichkeit, Selbstvertrauen und Unzufriedenheit mit jedem andern, Weltüberlegenheit und Tyrannei, Menschenkenntnis und Mißtrauen gegenüber den meisten, dann auch Vorzüge ohne jeden Nachteil wie Fleiß, Ausdauer, Geistesgegenwart, Unerschrockenheit. Von alledem hatte ich vergleichsweise fast nichts oder nur sehr wenig und damit wollte ich zu heiraten wagen, während ich doch sah, daß selbst Du in der Ehe schwer zu kämpfen hattest und gegenüber den Kindern sogar versagtest? Diese Frage stellte ich mir natürlich nicht ausdrücklich und beantwortete sie nicht ausdrücklich, sonst hätte sich ja das gewöhnliche Denken der Sache bemächtigt und mir andere Männer gezeigt, welche anders sind als Du (um in der Nähe einen von Dir sehr verschiedenen zu nennen:

Onkel Richard) und doch geheiratet haben und darunter wenigstens nicht zusammengebrochen sind, was schon sehr viel ist und mir reichlich genügt hätte. Aber diese Frage stellte ich eben nicht, sondern erlebte sie von Kindheit an. Ich prüfte mich ja nicht erst gegenüber der Ehe sondern gegenüber jeder Kleinigkeit; gegenüber jeder Kleinigkeit überzeugtest Du mich durch Dein Beispiel und durch Deine Erziehung, so wie ich es zu beschreiben versucht habe, von meiner Unfähigkeit und was bei jeder Kleinigkeit stimmte und Dir Recht gab, mußte natürlich ungeheuerlich stimmen vor dem Größten, also vor der Ehe. Bis zu den Heiratsversuchen bin ich aufgewachsen etwa wie ein Geschäftsmann, der zwar mit Sorgen und schlimmen Ahnungen, aber ohne genaue Buchführung in den Tag hineinlebt. Er hat ein paar kleine Gewinne, die er infolge ihrer Seltenheit in seiner Vorstellung immerfort hätschelt und übertreibt, und sonst nur tägliche Verluste. Alles wird eingetragen, aber niemals bilanziert. Jetzt kommt der Zwang zur Bilanz, d. h. der Heiratsversuch. Und es ist bei den großen Summen, mit denen hier zu rechnen ist, so, als ob niemals auch nur der kleinste Gewinn gewesen wäre, alles eine einzige große Schuld. Und jetzt heirate, ohne wahnsinnig zu werden!

So endet mein bisheriges Leben mit Dir und solche Aussichten trägt es in sich für die Zukunft.

Du könntest, wenn Du meine Begründung der Furcht, die ich vor Dir habe, überblickst, antworten: »Du behauptest, ich mache es mir leicht, wenn ich mein Verhältnis zu Dir einfach durch Dein Verschulden erkläre, ich aber glaube, daß Du trotz äußerlicher Anstrengung es Dir zumindest nicht schwerer, aber viel einträglicher machst. Zuerst lehnst auch Du jede Schuld und Verantwortung von Dir ab, darin ist also unser Verfahren das gleiche. Während ich aber dann so offen, wie ich es auch meine, die alleinige Schuld Dir zuschreibe, willst Du gleichzeitig »übergescheit« und »überzärtlich« sein und auch mich von jeder Schuld freisprechen. Natürlich gelingt Dir das letztere nur scheinbar (mehr willst Du ja auch nicht) und es ergibt sich zwischen den Zeilen trotz aller »Redensarten« von Wesen und Natur und Gegensatz und Hilflosigkeit, daß eigentlich ich der Angreifer gewesen bin, während alles, was Du getrieben hast, nur Selbstwehr war. Jetzt hättest Du also schon durch Deine Unaufrichtigkeit genug erreicht, denn Du hast dreierlei bewiesen, erstens daß Du unschuldig bist, zweitens daß ich schuldig bin und drittens daß Du aus lauter Großartigkeit bereit bist, nicht nur mir zu verzeihn, sondern, was mehr und weniger ist, auch noch zu beweisen und es selbst glauben zu wollen, daß ich, allerdings entgegen der Wahrheit, auch unschuldig bin. Das könnte Dir jetzt schon genügen, aber es genügt Dir noch nicht. Du hast es Dir nämlich in den Kopf gesetzt, ganz und gar von mir leben zu wollen. Ich gebe zu, daß wir miteinander kämpfen, aber es gibt zweierlei Kampf. Den ritterlichen Kampf, wo sich die Kräfte selbstständiger Gegner messen, jeder bleibt für sich, verliert für sich, siegt für sich. Und den Kampf des Ungeziefers, welches nicht nur sticht, sondern gleich auch zu seiner Lebenserhaltung das Blut saugt. Das ist ja der eigentliche Berufssoldat und das bist Du. Lebensuntüchtig bist Du; um es Dir aber darin bequem, sorgenlos und ohne Selbstvorwürfe einrichten zu können, beweist Du, daß ich alle Deine Lebenstüchtigkeit Dir genommen und in meine Taschen gesteckt habe. Was kümmert es Dich jetzt, wenn Du lebensuntüchtig bist, ich habe ja die Verantwortung, Du aber streckst Dich ruhig aus und läßt Dich, körperlich und geistig, von mir durchs Leben schleifen. Ein Beispiel: Als Du letzthin heiraten wolltest, wolltest Du, das gibst Du ja in diesem Brief zu, gleichzeitig nicht heiraten, wolltest aber, um Dich nicht anstrengen zu müssen, daß ich Dir zum

Nichtheiraten verhelfe, indem ich wegen der »Schande«, die die Verbindung meinem Namen machen würde, Dir diese Heirat verbiete. Das fiel mir nun aber gar nicht ein. Erstens wollte ich Dir hier, wie auch sonst nie »in Deinem Glück hinderlich sein« und zweitens will ich niemals einen derartigen Vorwurf von meinem Kind zu hören bekommen. Hat mir aber die Selbstüberwindung, mit der ich Dir die Heirat freistellte, etwas geholfen? Nicht das geringste. Meine Abneigung gegen die Heirat hätte sie nicht verhindert, im Gegenteil, es wäre an sich noch ein Anreiz mehr für Dich gewesen, das Mädchen zu heiraten, denn der »Fluchtversuch«, wie Du Dich ausdrückst, wäre ja dadurch vollkommen geworden. Und meine Erlaubnis zur Heirat hat Deine Vorwürfe nicht verhindert, denn Du beweist ja, daß ich auf jeden Fall an Deinem Nichtheiraten schuld bin. Im Grunde aber hast Du hier und in allem anderen für mich nichts anderes bewiesen, als daß alle meine Vorwürfe berechtigt waren und daß unter ihnen noch ein besonders berechtigter Vorwurf gefehlt hat, nämlich der Vorwurf der Unaufrichtigkeit, der Liebedienerei, des Schmarotzertums. Wenn ich nicht sehr irre, schmarotzest Du an mir auch noch mit diesem Brief als solchem.«

Darauf antworte ich, daß zunächst dieser ganze Einwurf, der sich zum Teil auch gegen Dich kehren läßt, nicht von Dir stammt, sondern eben von mir. So groß ist ja nicht einmal Dein Mißtrauen gegen andere, wie mein Selbstmißtrauen, zu dem Du mich erzogen hast. Eine gewisse Berechtigung des Einwurfes, der ja auch noch an sich zur Charakterisierung unseres Verhältnisses Neues beiträgt, leugne ich nicht. So können natürlich die Dinge in Wirklichkeit nicht aneinanderpassen, wie die Beweise in meinem Brief, das Leben ist mehr als ein Geduldspiel; aber mit der Korrektur, die sich durch diesen Einwurf ergibt, eine Korrektur, die ich im Einzelnen weder ausführen kann noch will, ist meiner Meinung nach doch etwas der Wahrheit so sehr Angenähertes erreicht, daß es uns beide ein wenig beruhigen und Leben und Sterben leichter machen kann.

Franz

Er blickt aus dem Fenster. Ein trüber Tag. Es ist November. Ihm scheint, daß zwar jeder Monat seine besondere Bedeutung hat, der November aber noch einen besondern Zusatz von Besonderheit. Vorläufig ist davon allerdings nichts zu sehn, es fällt bloß ein mit Schnee untermischter Regen. Aber das ist vielleicht nur der äußere Anblick, der immer täuscht, denn da sich die Menschen als Gesammtheit allem gleich anpassen und man doch zunächst nach dem Anblick der Menschen urteilt, sollte man eigentlich niemals eine Veränderung der Weltlage wahrnehmen können. Aber da man auch selbst ein Mensch ist, seine Anpassungskämpfe kennt und von ihnen aus urteilt, erfährt man doch einiges und weiß was man davon zu halten hat, daß der Verkehr unten nicht stillsteht sondern straße auf straße ab mit verbissener unermüdlicher undurchdringlicher Überlegenheit sich in Gang erhält.

Diese Anpassungskraft,

Ein trüber Tag. Es ist eben November. Natürlich hat jeder Monat seine besondere Bedeutung, der November hat aber noch einen besondern Zusatz von Besonderheit. Zu sehn ist allerdings jetzt davon nichts, es fällt bloß ein mit Schnee untermischter Regen. Doch ist das nur der äußere Anblick der immer täuscht, denn da sich die Menschen allem gleich anpassen und man doch zunächst nach dem Anblick

---

Der Kranke war viel Stunden allein gelegen, das Fieber war ein wenig zurückgegangen, hie und da hatte er einen leichten Halbschlaf einfangen können, im übrigen hatte er da er sich vor Schwäche nicht rühren konnte, zur Decke hinaufgesehn und gegen viele Gedanken kämpfen müssen. Sein Denken schien überhaupt nur in Abwehr zu bestehn, alles, woran er zu denken anfieng langweilte oder quälte ihn und er verbrauchte seine Kräfte damit, sein Denken zu ersticken.

Es war gewiß schon abend, jedenfalls war es schon lange finster, da es November war, als sich die Tür des Nebenzimmers öffnete, die Vermieterin hereinschlüpfte, um das elektrische Licht aufzudrehn und der Arzt ihr folgte. Der Kranke wunderte sich wie wenig krank er eigentlich war oder wie wenig die Krankheit ihn angriff, denn er erkannte die Eintretenden ganz genau, keine ihrer bekannten Einzelnheiten fehlte, ja nicht einmal jene, welche ihm Gefühle der Öde oder des Ekels zu erregen pflegten, erschienen irgendwie übertrieben, alles war wie es immer war,

⟨. . .⟩ sich daran zu beteiligen, er langte förmlich danach, aber er mußte sich sagen, daß er davon ausgeschlossen war, es war für ihn unmöglich sich dort einzufügen, das hätte eine so große Vorbereitung verlangt, daß darüber nicht nur dieser Sonntag sondern viele Jahre und er selbst dahingegangen wäre, und selbst wenn die Zeit hätte still stehn wollen, es hätte sich doch kein Ergebnis erzielen lassen, seine ganze Abstammung, Erziehung, körperliche Ausbildung hätte anders geführt werden müssen. So weit war er also von diesen Ausflüglern, aber doch auch eigentlich wieder sehr nahe und das war das schwerer Begreifliche. Sie waren doch auch Menschen wie er, nichts Menschliches konnte ihnen völlig fremd sein, könnte man sie also durchforschen, müßte man finden, daß das Gefühl, das ihn beherrschte und ihn von der Wasserfahrt ausschloß, auch in ihnen lebte, nur daß es allerdings weit davon entfernt war sie zu beherrschen, sondern nur irgendwo in dunklen Winkeln geisterte.

Daß es Furcht, Trauer und Öde auf der Welt gibt, versteht er, aber auch dies nur soweit, als es vage allgemeine nur über die Oberfläche hinstreichende Gefühle sind. Alle andern Gefühle leugnet er, was wir so nennen, sei nur Schein, Märchen, Spiegelbild der Erfahrung und des Gedächtnisses. Wie könne es anders sein, meint er, da doch die wirklichen Ereignisse niemals von unserem Gefühl erreicht oder gar überholt werden können. Wir erleben sie nur vor und nach dem wirklichen, mit elementarisch unbegreiflicher Eile vorübergehenden Ereignis, es sind traumhafte nur auf uns eingeschränkte Erdichtungen. Wir leben in der Stille der Mitternacht und erleben Sonnenauf- und -untergang indem wir uns nach Osten oder Westen wenden

Geringe Lebenskraft, mißverständliche Erziehung, Junggesellentum ergeben den Skeptiker, aber nicht notwendig, um die Skepsis zu retten heiratet mancher Skeptiker wenigstens ideell und wird gläubig.

Es war der erste Spatenstich, es war der erste Spatenstich, es
lag die Erde in Krumen, zerfallen vor meinem Fuß
Es läutete eine Glocke, es zitterte eine Tür,

Es war eine politische Versammlung. Merkwürdig ist es, daß
die meisten Versammlungen auf dem Platz der Ställe stattfinden, am Ufer des Flusses, gegen dessen Tosen die menschliche
Stimme kaum aufkommt. Trotzdem ich auf der Quaibrü-
stung nahe bei den Rednern saß – sie sprachen von einem
kahlen viereckigen Sockel aus Quadersteinen herab – verstand
ich nur wenig. Freilich wußte ich im voraus um was es sich
handelte und alle wußten es. Auch waren alle einig, eine
vollständigere Einigkeit habe ich nie gesehn, auch ich war
völlig ihrer Meinung, die Sache war allzu klar, wie oft schon
durchgesprochen und immer noch klar wie am ersten Tag,
beides, die Einigkeit und die Klarheit waren herzbeklem-
mend, die Denkkraft stockte vor Einigkeit und Klarheit, man
hätte manchmal nur den Fluß hören wollen und sonst nichts.

Wenn ich mir heute Rechenschaft geben will über meinen
Freund und mein Verhältnis zu ihm, so ist das einer jener
vielen meist hoffnungslosen Anläufe die man während eines
langen Lebens immer wieder unternimmt, Anläufe zu einem
Sprung, von dem man nicht weiß, ob er vorwärts ins Leben
zielt oder aus dem Leben fort. Aber es ist hoffnungslos, also
gefahrlos.

Ich kenne ihn schon seit meiner frühen Jugend. Er ist um sieben oder acht Jahre älter als ich, aber dieser an sich große Altersunterschied ist wenig zur Geltung gekommen, heute scheine sogar ich der Ältere zu sein, er selbst sieht es nicht anders an. Doch hat sich das nur allmählich entwickelt.

Ich erinnere mich an unsere erste Begegnung. Ich kam gerade aus der Schule, es war ein dunkler Winternachmittag, ich war ein kleiner Junge aus der ersten Volksschulklasse. Als ich um eine Straßenecke bog sah ich ihn, er war stark, untersetzt, und hatte ein knochiges und dennoch fleischiges Gesicht, er sah ganz anders aus als heute, körperlich hat er sich seit seiner Kindheit bis zur Unkenntlichkeit verändert.

An einer Leine zerrte er einen jungen scheuen Hund. Ich blieb stehn und sah zu, nicht aus Schadenfreude, nur aus Neugierde, ich war sehr neugierig, alles reizte mich. Er aber nahm das Zuschauen übel und sagte: »Kümmere Dich um Deine Sachen, Dummkopf«

———

Manche sagen, daß er faul sei, andere daß er Furcht vor der Arbeit habe. Diese letzteren beurteilen ihn richtig. Er hat Furcht vor der Arbeit. Wenn er eine Arbeit anfängt, hat er das Gefühl eines, der die Heimat verlassen muß. Keine geliebte Heimat, aber doch einen gewohnten bekannten gesicherten Ort. Wohin wird ihn die Arbeit führen? Er fühlt sich fortgezogen, wie ein ganz junger scheuer Hund, der durch eine Großstadtstraße gezerrt wird. Es ist nicht der Lärm der ihn aufregt; wenn er den Lärm hören und in seinen Bestandteilen unterscheiden könnte, würde ihn ja das gleich ganz in Anspruch nehmen, aber er hört ihn nicht, mitten durch den Lärm gezogen hört er nichts, nur eine besondere Stille, förmlich von allen Seiten ihm zugewendet, ihn behorchend, eine

Stille, die sich von ihm nähren will, nur sie hört er. Das ist unheimlich, das ist zugleich aufregend und langweilig, das ist kaum zu ertragen. Wie weit wird er kommen? Zwei, drei Schritte, weiter nicht. Und dann soll er müde von der Reise wieder zurücktaumeln in die Heimat, die graue ungeliebte Heimat. Das macht ihm alle Arbeit verhaßt.

––––––––––

Er hat sich im zweiten Zimmer eingesperrt, ich habe geklopft, an der Tür gerüttelt, er ist still geblieben. Er ist böse auf mich, er will von mir nichts wissen. Dann bin ich aber auch böse und er kümmert mich nicht mehr. Ich rücke den Tisch zum Fenster und werde den Brief schreiben, wegen dessen wir uns zerzankt haben.

Es ist ein Brief an ein Mädchen, ich nehme darin Abschied von ihr, wie es vernünftig und richtig ist. Es gibt nichts vernünftigeres und richtigeres. Man kann es besonders dann erkennen, wenn man sich einen gegenteiligen Brief vorstellt, ein solcher Brief wäre schrecklich und unmöglich. Vielleicht werde ich einen solchen Brief schreiben und ihn vor der geschlossenen Tür vorlesen, dann wird er mir Recht geben müssen. Allerdings, er gibt mir ja Recht, auch er hält den Abschiedsbrief für richtig, aber auf mich ist er böse. So ist er meistens, feindselig gegen mich ist er, aber hilflos; wenn er mich mit seinen stillen Augen ansieht, ist es, als verlange er von mir die Begründung seiner Feindseligkeit. »Du Junge«, denke ich, »was willst Du von mir? Und was hast Du schon aus mir gemacht!« Und ähnlich wie immer stehe ich auf, gehe zur Tür und klopfe wieder. Keine Antwort, aber es zeigt sich daß diesmal offen ist, doch das Zimmer ist leer, er ist fortgegangen, das ist die eigentliche Strafe, mit der er mich gern straft, nach solchem Streit geht er fort, kommt tage-, nächtelang nicht zurück.

Ich war bei den Toten zu Gast. Es war eine große reinliche Gruft, einige Särge standen schon dort, es war aber noch viel Platz, zwei Särge waren offen, es sah in ihnen aus wie in zerwühlten Betten, die eben verlassen worden sind. Ein Schreibtisch stand ein wenig abseits, so daß ich ihn nicht gleich bemerkte, ein Mann mit mächtigem Körper saß hinter ihm. In der rechten Hand hielt er eine Feder, es war als habe er geschrieben und gerade jetzt aufgehört, die linke Hand spielte an der Weste mit einer glänzenden Uhrkette und der Kopf war tief zu ihr hinabgeneigt. Eine Bedienerin kehrte aus, doch war nichts auszukehren.

In irgendeiner Neugierde zupfte ich an ihrem Kopftuch, das das Gesicht ganz verschattete. Jetzt erst sah ich sie. Es war ein Judenmädchen, das ich einmal gekannt hatte. Sie hatte ein üppiges weißes Gesicht und schmale dunkle Augen. Als sie mich jetzt anlachte mitten aus ihren Fetzen, die sie zu einer alten Frau machten, sagte ich: »Ihr spielt hier wohl Komödie?« »Ja«, sagte sie, »ein wenig. Wie Du Dich auskennst!« Dann aber zeigte sie auf den Mann beim Schreibtisch und sagte: »Nun geh und begrüße den dort, er ist hier der Herr. Solange Du ihn nicht begrüßt hast, darf ich eigentlich nicht mit Dir reden.« »Wer ist er denn?« fragte ich leiser. »Ein französischer Adeliger«, sagte sie, »de Poiton heißt er.« »Wie kommt er denn her?« fragte ich. »Das weiß ich nicht«, sagte sie, »es ist hier ein großer Wirrwarr. Wir warten auf einen, der Ordnung macht. Bist Du es?« »Nein, nein«, sagte ich. »Das ist sehr vernünftig«, sagte sie, »nun geh aber zu dem Herrn.«

Ich gieng also hin und verbeugte mich; da er den Kopf nicht hob – ich sah nur sein wirres weißes Haar –, sagte ich Guten Abend, aber er rührte sich noch immer nicht, eine kleine Katze umlief den Rand des Tisches, sie war förmlich aus dem Schooß des Herrn emporgesprungen und verschwand dort wieder, vielleicht blickte er gar nicht auf die Uhrkette, sondern unter den Tisch hinab. Ich wollte nun erklären, auf welche Weise ich hergekommen war, aber meine Bekannte zupfte mich hinten am Rock und flüsterte: »Das genügt schon.«

Damit war ich sehr zufrieden, ich wandte mich zu ihr und wir giengen Arm in Arm weiter in die Gruft. Der Besen störte mich, »wirf den Besen weg«, sagte ich, »nein, bitte«, sagte sie, »laß mich ihn behalten; daß mir das Auskehren hier keine Mühe machen kann, siehst Du doch ein, nicht? Nun also, aber ich habe doch gewisse Vorteile davon, auf die ich nicht verzichten will. Wirst Du übrigens hier bleiben?« fragte sie ablenkend. »Deinetwegen bliebe ich hier gern«, sagte ich langsam. Wir giengen nun eng aneinandergedrückt wie ein Liebespaar. »Bleib o bleib«, sagte sie, »wie habe ich mich nach Dir gesehnt. Es ist nicht so schlimm hier wie Du vielleicht fürchtest. Und was kümmert es uns zwei, wie es um uns ist.« Wir giengen ein Weilchen schweigend, die Arme hatten wir von einander gelöst, wir hielten uns jetzt umschlungen. Wir giengen auf dem Hauptweg, rechts und links waren Särge, die Gruft war sehr groß, zumindest sehr lang. Es war zwar dunkel, aber nicht vollständig, es war eine Art Dämmerung, die sich aber auch noch ein wenig aufhellte dort wo wir waren und in einem kleinen Kreis um uns. Plötzlich sagte sie: »Komm, ich werde Dir meinen Sarg zeigen.« Das überraschte mich. »Du bist doch nicht tot«, sagte ich. »Nein«, sagte sie, »aber um die Wahrheit zu gestehn: ich kenne mich hier nicht aus, deshalb bin ich auch so froh, daß Du gekommen bist. In kurzer Zeit wirst Du alles verstehn, schon jetzt siehst Du wahrscheinlich alles klarer als ich. Jedenfalls: einen Sarg habe ich.« Wir bogen rechts in einen Seitenweg ein, wieder zwischen zwei Sargreihen. In

der Anlage erinnerte mich das Ganze an einen großen Wein-
keller, den ich einmal gesehen hatte. Auf diesem Weg passier-
ten wir auch einen kleinen, kaum einen Meter breiten, schnell
fließenden Bach. Dann waren wir bald bei des Mädchens
Sarg. Er war mit schönen spitzenbesetzten Kissen ausgestattet. Das Mädchen setzte sich hinein und lockte mich hinunter, weniger mit dem winkenden Zeigefinger als mit dem
Blick. »Du liebes Mädchen«, sagte ich, zog ihr Kopftuch fort
und hielt die Hand auf der weichen Fülle ihres Haares. »Ich
kann noch nicht bei Dir bleiben. Es ist hier jemand in der
Gruft, mit dem ich sprechen muß. Willst Du mir nicht helfen
ihn zu suchen.« »Du mußt mit ihm sprechen? Hier gelten
doch keine Verpflichtungen«, sagte sie. »Ich bin aber nicht
von hier.« »Glaubst Du, daß Du von hier noch fortkommen
wirst?« »Gewiß«, sagte ich. »Desto weniger solltest Du
Deine Zeit verschwenden«, sagte sie. Dann suchte sie unter
den Kissen und zog ein Hemd heraus. »Das ist mein Toten-
hemd«, sagte sie und reichte es mir empor. »Ich trage es aber
nicht.

Ich trat in das Haus und schloß hinter mir das Türchen im
großen verriegelten Tor. Aus dem langen gewölbten Flur
gieng der Blick auf ein gepflegtes Hofgärtchen mit einem
Blumenaufbau in der Mitte. Links von mir war eine Glasver-
schalung in welcher der Portier saß, er stützte die Stirn auf die
Hand und war über eine Zeitung gebeugt. Vorn an einer
Glasscheibe, den Portier ein wenig verdeckend war ein großes aus einer illustrierten Zeitschrift ausgeschnittenes Bild
geklebt, ich trat näher, es war ein offenbar italienisches Städtchen, den größten Teil des Bildes nahm ein wilder Bergstrom
mit einem mächtigen Wasserfall ein, die Häuser des Städt-
chens waren an seinen Ufern eng an den Bildrand gedrückt.

Ich grüßte den Portier und sagte auf das Bild zeigend: »Ein schönes Bild, ich kenne Italien, wie heißt das Städtchen?« »Ich weiß nicht«, sagte er, »die Kinder aus dem zweiten Stock haben es in meiner Abwesenheit hier aufgeklebt, um mich zu ärgern.« »Was wünschen Sie?« fragte er dann.

Wir hatten einen kleinen Streit. Karl behauptete, er hätte mir den kleinen Operngucker bestimmt zurückgegeben, er habe zwar großes Verlangen nach ihm gehabt, habe ihn auch längere Zeit in den Händen hin und her gedreht, habe sich ihn vielleicht sogar für paar Tage ausgeborgt, habe ihn aber bestimmt zurückgegeben. Ich dagegen suchte ihn an die Situation zu erinnern, nannte die Gasse, in der es geschehen war, das Gasthaus gegenüber dem Kloster an dem wir gerade vorübergegangen waren, beschrieb, wie er mir zuerst den Gucker hatte abkaufen wollen, wie er mir dann verschiedene Sachen zum Tausch für ihn angeboten hatte und wie er dann allerdings mit der Bitte herausgerückt war, ihm den Gucker zu schenken. »Warum hast Du mir ihn fortgenommen«, sagte ich klagend. »Mein lieber Josef«, sagte er, »das ist ja nun alles längst vorüber. Ich bin zwar überzeugt daß ich Dir den Gucker zurückgegeben habe, aber selbst wenn Du mir ihn geschenkt haben solltest, warum quälst Du Dich jetzt deshalb und mich dazu. Fehlt Dir der Gucker hier etwa? Oder hat der Verlust Dein Leben sehr beeinflußt?« »Nicht das, nicht jenes«, sagte ich, »es tut mir nur leid, daß Du mir den Gucker damals fortgenommen hast. Ich hatte ihn als Geschenk bekommen, er hat mich sehr gefreut, ein wenig vergoldet war er, erinnerst Du Dich? und so klein, daß man ihn immer in der Tasche tragen konnte. Dabei waren es scharfe Gläser, man sah durch ihn besser, als durch manchen großen Gucker

Er ist sehr kräftig und wird immer kräftiger. Er scheint auf fremde Kosten zu leben. Man könnte sich ihn als ein Tier in der Wildnis denken, das am Abend allein, langsam, bedächtig, schaukelnd zur Tränke geht. Seine Augen sind trübe, man hat oft nicht den Eindruck, daß er den auf den er die Augen richtet, auch wirklich sieht. Es ist dann aber nicht Zerstreutheit, Beschäftigtsein das ihn hindert, sondern eine gewisse Stumpfheit. Es sind trübe Trinkeraugen eines Menschen, der offenbar nicht Trinker ist. Vielleicht geschieht ihm Unrecht, vielleicht hat ihn das so verschlossen gemacht, vielleicht ist ihm immer Unrecht geschehn. Es scheint jene Art von unbestimmtem Unrecht zu sein, das junge Leute so oft auf sich lasten fühlen, das sie aber schließlich abwerfen, solange sie noch die Kraft dazu haben, er freilich ist schon alt, wenn auch vielleicht nicht so alt wie er aussieht mit seiner schwerfälligen Gestalt, den fast aufdringlichen, abwärts ziehenden Furchen in seinem Gesicht und dem Bauch, über dem sich die Weste wölbt.

Wer ist es? Wer geht unter den Bäumen am Quai? Wer ist ganz verloren? Wer kann nicht mehr gerettet werden? Über wessen Grab wächst der Rasen? Träume sind angekommen, flußaufwärts sind sie gekommen, auf einer Leiter steigen sie die Quaimauer hinauf. Man bleibt stehn, unterhält sich mit ihnen, sie wissen mancherlei, nur, woher sie kommen, wissen sie nicht. Es ist recht lau an diesem Herbstabend. Sie wenden sich dem Fluß zu und heben die Arme. Warum hebt Ihr die Arme, statt uns in sie zu schließen?

———————

Immer streichst du um die Tür herum, trete kräftig ein. Drin sitzen zwei Männer an roh gezimmertem Tisch und erwarten

Dich. Sie tauschen ihre Meinungen aus über die Ursachen Deines Zögerns. Es sind ritterliche mittelalterlich gekleidete Männer.

Wir spielten »Weg-versperren«, es wurde eine Wegstrecke bestimmt, die einer verteidigen und der andere überschreiten sollte. Dem Angreifer wurden die Augen verbunden, der Verteidiger aber hatte kein anderes Mittel die Überschreitung zu verhindern, als daß er gerade im Augenblick der Überschreitung den Angreifer am Arm berührte; tat er es früher oder später, hatte er verloren. Wer das Spiel nie gespielt hat, wird glauben, daß der Angriff sehr schwer, die Verteidigung sehr leicht gemacht sei und doch ist es gerade umgekehrt oder es sind zumindest die Angriffstalente häufiger. Verteidigen konnte bei uns nur einer, dieser freilich konnte es fast unfehlbar. Ich habe ihm oft zugeschaut, es war dann kaum unterhaltend, er war eben ohne viel Laufen immer am richtigen Platz, er hätte auch gar nicht gut laufen können, denn er hinkte ein wenig, er war aber auch sonst nicht lebhaft, andere, wenn sie verteidigten, lauerten geduckt und blickten wild herum, seine mattblauen Augen blickten ruhig wie sonst. Was eine solche Verteidigung zu bedeuten hatte, merkte man erst, wenn man Angreifer war

---

Ich liebe sie und kann mit ihr nicht sprechen, ich lauere ihr auf, um ihr nicht zu begegnen

---

Ich liebte ein Mädchen, das mich auch liebte, ich mußte es aber verlassen.
Warum?

Ich weiß nicht. Es war so als wäre sie von einem Kreis von Bewaffneten umgeben, welche die Lanzen nach auswärts hielten. Wann ich mich auch näherte, geriet ich in die Spitzen, wurde verwundet und mußte zurück. Ich habe viel gelitten.

Das Mädchen hatte daran keine Schuld?

Ich glaube nicht oder vielmehr, ich weiß es. Der vorige Vergleich war nicht vollständig, auch ich war von Bewaffneten umgeben, welche ihre Lanzen nach innen, also gegen mich hielten. Wenn ich zu dem Mädchen drängte, verfieng ich mich zuerst in den Lanzen meiner Bewaffneten und kam schon hier nicht vorwärts. Vielleicht bin ich zu den Bewaffneten des Mädchens niemals gekommen und wenn ich hingekommen sein sollte, dann schon blutend von meinen Lanzen und ohne Besinnung.

Ist das Mädchen allein geblieben?

Nein, ein anderer ist zu ihr vorgedrungen, leicht und ungehindert. Ich habe erschöpft von meinen Anstrengungen so gleichgültig zugesehn, als wäre ich die Luft, durch die sich ihre Gesichter im ersten Kuß aneinanderlegten.

———————

Es saßen zwei Männer an einem rohgezimmerten Tisch. Eine flackernde Petroleumlampe hing über ihnen. Es war weit von meiner Heimat.

»Ich bin in Euerer Hand«, sagte ich.

»Nein«, sagte der eine Mann, der sich sehr aufrecht hielt und die linke Hand in seinen Vollbart gekrampft hatte; »Du bist frei und dadurch bist Du verloren.«

»Ich kann also gehn?« fragte ich.

»Ja«, sagte der Mann und flüsterte seinem Nachbarn etwas zu, während er ihm freundlich die Hand streichelte. Es war ein alter Mann, zwar auch noch aufrecht und sehr kräftig, aber

Es war ein äußerst niedriges Türchen, das in den Garten führte, nicht viel höher als die Dratbogen die man beim Kroquetspiel in die Erde steckt. Wir konnten deshalb nicht neben einander in den Garten gehn, sondern einer mußte hinter dem andern hineinkriechen. Marie erschwerte es mir noch, indem sie mich gerade als ich mit den Schultern in dem Türchen fast eingeklemmt war, noch an den Füßen zu ziehen anfieng. Schließlich überwand ich es doch und auch Marie kam erstaunlicher Weise durch, allerdings nur mit meiner Hilfe. Wir waren mit dem allen so beschäftigt gewesen, daß wir gar nicht bemerkt hatten, daß der Gastgeber offenbar schon von allem Anfang an in der Nähe stand und uns zugesehen hatte. Das war Marie sehr unangenehm, denn ihr leichtes Kleid war bei dem Kriechen ganz zerdrückt worden. Aber nun ließ sich nichts mehr verbessern, denn der Gastgeber begrüßte uns schon, mir schüttelte er herzlich die Hand, Marie klopfte er leicht auf die Wange. Ich konnte mich nicht erinnern, wie alt Marie war, wahrscheinlich war sie ein kleines Kind, da sie so begrüßt wurde, aber ich war doch gewiß nicht viel älter. Ein Diener lief vorüber, fast flog er dahin, in der erhobenen Rechten – die Linke hielt er an der Hüfte – trug er eine große hoch gefüllte Schüssel, den Inhalt konnte ich in der Eile nicht erkennen, ich sah nur, wie lange Bänder oder Blätter oder Algen rings von der Schüssel hinunterhiengen und in der Luft hinter dem Diener flatterten. Ich machte Marie auf den Diener aufmerksam, sie nickte mir zu, war aber nicht so erstaunt, wie ich erwartet hatte. Eigentlich war es doch ihr erster Eintritt in die große Gesellschaft, sie kam doch aus engen kleinbürgerlichen Verhältnissen, es mußte ihr doch so sein, wie einem Menschen, der immer nur in der Ebene gelebt hatte, plötzlich aber reißt der Vorhang vor ihm und er steht am Fuß des Hochgebirges. Aber auch in ihrem

Verhalten gegenüber dem Gastgeber zeigte sie nichts dergleichen, ruhig hörte sie seine Begrüßungsworte an und zog sich unterdessen die grauen Handschuhe, die ich ihr gestern gekauft hatte, langsam an. Im Grunde war es mir ja sehr lieb, daß sie die Prüfung in dieser Art bestand. Der Gastgeber lud uns dann ein, ihm zu folgen, wir giengen in der Richtung, in welcher der Diener verschwunden war, der Gastgeber war immer einen Schritt vor uns, aber immer halb zu uns zurückgewendet.

kamen und ein Kranker, der im Bett gelegen war und auf das Geschrei hin aufgestanden war und sich den Schlafrock umgeworfen hatte. Diese standen nun unten vor der Uhr, der Kranke rieb sich in der Herzgegend, weil ihn das Herz schmerzte,

---

Ich stand nahe der Tür des großen Saales, weit von mir an der Rückwand lag das Ruhebett des Königs, eine zarte junge äußerst bewegliche Nonne war um ihn beschäftigt, rückte die Kissen zurecht, schob ein Tischchen mit Erfrischungen heran, aus denen sie für den König auswählte, und hielt dabei unter dem Arm ein Buch, aus dem sie bisher vorgelesen hatte. Der König war nicht krank, sonst hätte er sich ja ins Schlafzimmer zurückgezogen, aber liegen mußte er doch, irgendwelche Aufregungen hatten ihn hingeworfen und sein empfindliches Herz in Unruhe gebracht. Ein Diener hatte eben die Königstochter und ihren Mann angekündigt, deshalb hatte die Nonne die Vorlesung unterbrochen. Mir war es sehr peinlich, daß ich jetzt vielleicht vertrauten Gesprächen zuhören würde, da ich aber nun einmal hier war und niemand mir den Auftrag gab wegzugehn, vielleicht aus Absicht,

vielleicht weil man mich in meiner Geringfügigkeit vergessen hatte, hielt ich mich zum Hierbleiben verpflichtet und
zog mich nur an das äußerste Ende des Saales zurück. Eine
kleine Wandtür in der Nähe des Königs wurde geöffnet und
sich bückend kamen einer hinter dem andern die Prinzessin
und der Prinz hervor, im Saal hing sich dann die Prinzessin an
des Prinzen Arm und so traten sie vereint vor den König.
»Ich kann es nicht länger tun«, sagte der Prinz. »Du hast vor
der Hochzeit die Verpflichtung feierlich übernommen«,
sagte der König. »Ich weiß es«, sagte der Prinz, »trotzdem
kann ich es nicht länger tun.« »Warum nicht?« fragte der
König. »Ich kann die Luft draußen nicht atmen«, sagte der
Prinz, »ich kann den Lärm dort nicht ertragen, ich bin nicht
schwindelfrei, mir wird übel in der Höhe, kurz, ich kann es
nicht mehr tun.« »Das Letzte hat Sinn, freilich einen bösen«,
sagte der König, »alles andere sind Redensarten. Und was
sagt meine Tochter?« »Der Prinz hat Recht«, sagte die Prinzessin, »ein Leben, wie er es jetzt führt, ist eine Last, eine
Last für ihn und mich. Du stellst es Dir vielleicht nicht
deutlich vor, Vater. Er muß ja immerfort bereit sein, in
Wirklichkeit geschieht es etwa einmal in der Woche, aber
bereit sein muß er immer. Zu den unsinnigsten Tagesstunden
kann es geschehn. Wir sitzen z. B. beim Essen in kleiner
Gesellschaft, man vergißt ein wenig alles Leid und ist unschuldig fröhlich. Da bricht der Wächter herein und ruft den
Prinzen, nun muß natürlich alles in höchster Eile geschehn,
er muß das Kleid ausziehn, sich in die enge vorgeschriebene
widerlich bunte fast komödienhafte fast entehrende Uniform
hineinpressen und eilt nun, der Arme, hinaus. Die Gesellschaft ist zersprengt, die Gäste verlaufen sich, zum Glück,
denn wenn der Prinz zurückkommt, ist er unfähig zu sprechen, unfähig jemand andern neben sich zu dulden als mich,
manchmal kann er nur gerade noch in die Tür eintreten, dann

schlägt er schon auf den Teppich hin. Vater, ist es möglich, länger so zu leben.« »Frauenworte«, sagte der König, »sie wundern mich nicht, daß aber Du Prinz durch Frauenworte – denn das ist mir jetzt klar – Dich dazu hast bringen lassen, mir den Dienst zu verweigern, das tut mir weh.

Das ist der Bezirk, fünf Meter lang, fünf Meter breit, nicht groß also, aber immerhin, es ist der eigene Boden. Wer hat es so angeordnet? Das ist nicht genau bekannt. Einmal kam ein fremder Mann, viel Lederzeug hatte er über seinem Kleid, Gürtel, Querriemen, Halter und Taschen. Aus einer Tasche zog er einen Notizblock, notierte etwas und fragte dann: »Wo ist der Petent?« Der Petent trat vor. Die halbe Bewohner-schaft des Hauses war in großem Halbkreis um ihn versam-melt, ich war damals ein kleiner etwa fünfjähriger Junge, gesehn und gehört habe ich alles, hätte man es mir aber nicht viel später genau erzählt, wüßte ich kaum etwas davon. Es war zu unverständlich als daß ich damals sehr aufmerksam hätte sein können, trotzdem hat die fremde Nacherzählung durch die eigene undeutliche Erinnerung an Leben sehr ge-wonnen. So sehe ich förmlich noch heute, wie der Fremde den Petenten mit scharfem Blicke maß. »Es ist nichts Gerin-ges, was Du verlangst«, sagte der Fremde, »bist Du Dir dessen bewußt?

Jenen Wilden, von denen erzählt wird, daß sie kein anderes Verlangen haben als zu sterben oder vielmehr sie haben nicht einmal mehr dieses Verlangen, sondern der Tod hat nach ihnen Verlangen und sie geben sich hin oder vielmehr sie geben sich nicht einmal hin, sondern sie fallen in den Ufersand und stehn niemals mehr auf – jenen Wilden gleiche ich sehr und habe auch Stammesbrüder rings herum, aber die Verwirrung in diesen Ländern ist so groß, das Gedränge wogt auf und ab bei Tag und Nacht und die Brüder lassen sich von ihm tragen. Das nennt man hierzulande »einem unter den Arm greifen«, solche Hilfe ist hier immer bereit, einen der ohne Grund umsinken könnte und liegen bliebe fürchtet man wie den Teufel, es ist wegen des Beispiels, es ist wegen des Gestankes der Wahrheit, der aus ihm steigen würde. Gewiß, es würde nichts geschehn, einer, zehn, ein ganzes Volk könnte liegen bleiben und es würde nichts geschehn, weiter ginge das mächtige Leben, noch übervoll sind die Dachböden von Fahnen die niemals aufgerollt gewesen sind, dieser Leierkasten hat nur eine Walze, aber die Ewigkeit in eigener Person dreht die Kurbel. Und doch die Angst! Wie tragen doch die Leute ihren eigenen Feind, so ohnmächtig er ist, immer in sich. Seinetwegen, dieses ohnmächtigen Feindes wegen sind sie

»Nun also?« sagte der Herr, sah mich lächelnd an und rückte an seiner Krawatte. Ich konnte den Blick aushalten, wandte mich dann aber aus freiem Willen ein wenig zur Seite und schaute in die Tischfläche mit immer angestrengteren Augen, als öffne und vertiefe sich dort eine Höhlung und ziehe den Blick hinab. Dabei sagte ich: »Sie wollen mich prüfen, haben aber noch keine Berechtigung hiezu nachgewiesen.« Nun lachte er laut: »Meine Berechtigung ist meine Existenz, meine Berechtigung ist mein Dasitzen, meine Berechtigung ist meine Frage, meine Berechtigung ist, daß Sie mich verstehn.« »Wohl«, sagte ich, »nehmen wir an, es sei so.« »Dann werde ich Sie also prüfen«, sagte er, »nur ersuche ich Sie mit Ihrem Sessel ein wenig zurückzugehn, Sie beengen mich hier. Auch bitte ich nicht abwärts zu schauen sondern mir in die Augen. Vielleicht ist es mir wichtiger Sie zu sehn, als Ihre Antworten zu hören.« Als ich ihm entsprochen hatte, begann er: »Wer bin ich?« »Mein Prüfer«, sagte ich. »Gewiß«, sagte er, »was bin ich noch?« »Mein Onkel«, sagte ich. »Ihr Onkel«, rief er, »was für eine tolle Antwort.« »Mein Onkel«, sagte ich bekräftigend. »Nichts besseres«

Ich stand auf dem Balkon meines Zimmers. Es war sehr hoch, ich zählte die Fensterreihen, es war im sechsten Stockwerk. Unten waren Rasenanlagen, es war ein kleiner von drei Seiten geschlossener Platz, es war wohl in Paris. Ich gieng ins Zimmer hinein, die Tür ließ ich offen, es schien zwar erst März oder April zu sein, aber der Tag war warm. In einer Ecke stand ein kleiner, sehr leichter Schreibtisch, ich hätte ihn mit einer Hand heben und in der Luft herumschwingen können. Jetzt aber setzte ich mich zu ihm, Tinte und Feder war bereit, ich wollte eine Ansichtskarte schreiben. Ich griff unsicher ob ich eine Karte hätte in die Tasche, da hörte ich einen Vogel und bemerkte als ich herumsah auf dem Balkon an der Hausmauer einen Vogelbauer. Gleich gieng ich wieder hinaus, ich mußte mich auf die Fußspitzen heben, um den Vogel zu sehn, es war ein Kanarienvogel. Dieser Besitz freute mich sehr. Ich drückte ein Stückchen grünen Salats, der zwischen den Gitterstäbchen steckte, tiefer hinein und ließ den Vogel daran knabbern. Dann wandte ich mich wieder dem Platz zu, rieb die Hände und beugte mich flüchtig über das Geländer. Jenseits des Platzes in einem Mansardenzimmer schien mich jemand mit einem Operngucker zu beobachten, wahrscheinlich weil ich ein neuer Mieter war, das war kleinlich, aber vielleicht war es ein Kranker, dem die Fensteraussicht die Welt ist. Da ich in den Taschen doch eine Karte gefunden hatte, ging ich ins Zimmer um zu schreiben, auf der Karte war allerdings keine Ansicht von Paris, sondern nur ein Bild, es hieß Abendgebet, man sah einen stillen See, im Vordergrund ganz wenig Schilf, in der Mitte ein Boot und darin eine junge Mutter mit ihrem Kind im Arm, es war

Um die Wahrheit zu sagen, mich kümmert die ganze Sache nicht sehr. Ich liege im Winkel, sehe zu soweit man im Liegen zusehn kann, höre zu, soweit ich ihn verstehe, im übrigen lebe ich schon seit Monaten in einer Dämmerung und warte auf die Nacht. Anders mein Zellengenosse, ein unnachgiebiger Mensch, ein gewesener Hauptmann. Ich kann mich in seine Verfassung hineindenken. Er ist der Meinung, seine Lage gleiche etwa der eines Polarfahrers, der trostlos irgendwo eingefroren ist, der aber sicher noch gerettet werden wird oder richtiger, der schon gerettet ist, wie man in der Geschichte der Polarfahrten nachlesen kann. Und nun entsteht folgender Zwiespalt: Daß er gerettet werden wird, ist für ihn zweifellos, unabhängig von seinem Willen, einfach durch das siegbringende Gewicht seiner Persönlichkeit wird er gerettet werden, soll er es aber wünschen? Sein Wünschen oder Nicht-wünschen wird nichts verändern, gerettet wird er, aber die Frage ob er es auch noch wünschen soll, bleibt. Mit dieser scheinbar so abseitsliegenden Frage ist er beschäftigt, er durchdenkt sie, er legt sie mir vor, wir besprechen sie. Von der Rettung selbst reden wir nicht. Für die Rettung genügt ihm scheinbar der kleine Hammer, den er sich irgendwie verschafft hat, ein Hämmerchen um Spannägel in ein Zeichenbrett zu treiben, mehr könnte es nicht leisten, aber er verlangt auch nichts von ihm, nur der Besitz entzückt ihn. Manchmal kniet er neben mir und hält mir diesen tausendmal gesehenen Hammer vor die Nase oder er nimmt meine Hand, spreitet sie auf dem Boden aus und behämmert alle

Finger der Reihe nach. Er weiß daß er mit diesem Hammer keinen Splitter von der Mauer schlagen kann, er will es auch nicht, er streicht nur manchmal leicht mit dem Hammer über die Wände, als könne er mit ihm das Taktzeichen geben das die große wartende Maschinerie der Rettung in Bewegung setzt. Es wird nicht genau so sein, die Rettung wird einsetzen zu ihrer Zeit unabhängig vom Hammer, aber irgendetwas ist er doch, etwas Handgreifliches, eine Bürgschaft, etwas was man küssen kann, wie man die Rettung selbst niemals wird küssen können.

Gewiß, man kann sagen, der Hauptmann sei durch das Gefangensein verrückt geworden. Sein Gedankenkreis ist so eingeschränkt, daß er kaum für einen Gedanken mehr Raum hat.

Ein regnerischer Tag. Du stehst vor dem Glanz einer Pfütze. Bist nicht müde, nicht traurig, nicht nachdenklich, stehst nur dort in aller Deiner Erdenschwere und wartest auf jemanden. Da hörst Du eine Stimme, deren Klang allein, noch ohne Worte, Dich lächeln macht. »Komm mit«, sagt die Stimme. Es ist aber rund um Dich niemand da, mit dem Du gehen könntest. »Ich gienge schon«, sagst Du, »aber ich sehe Dich nicht.« Darauf hörst Du nichts mehr. Aber der Mann auf den Du gewartet hast kommt, ein großer starker Mann, mit kleinen Augen, buschigen Brauen, dicken etwas hängenden Wangen und einem Kinnbart. Es kommt Dir vor als müßtest Du ihn schon einmal gesehen haben. Natürlich hast Du ihn schon gesehn, denn es ist Dein alter Geschäftsfreund, Du hattest mit ihm verabredet, hier zusammenzukommen und eine lange schwebende Geschäftsangelegenheit durchzusprechen. Aber trotzdem er hier vor Dir steht und von seiner altbekannten Hutkrempfe langsam der Regen tropft, erkennst Du ihn nur mühselig. Irgendetwas hindert Dich, Du willst es wegdrängen, willst Dich mit dem Mann unmittelbar in Verbindung setzen und faßt ihn deshalb beim Arm. Aber Du mußt ihn gleich wieder loslassen, es schauert Dich, was hast Du angerührt? Du schaust Deine Hand an, aber trotzdem Du nichts siehst, ekelt es Dich bis zum Brechreiz. Du erfindest eine Entschuldigung, die wahrscheinlich keine ist, denn während Du sie sagst hast Du sie vergessen und gehst fort, gehst geradewegs in eine Hausmauer hinein – der Mann ruft Dir nach, vielleicht eine Warnung, Du winkst ihm ab – die Mauer öffnet sich vor Dir, ein Diener trägt einen Armleuchter hocherhoben, Du folgst ihm. Er führt Dich aber in keine Wohnung, sondern in eine Apotheke. Es ist eine große Apotheke mit einer hohen halbkreisförmigen Wand, die hunderte gleichförmige Schubfächer enthält. Es sind auch viele Käufer da, die meisten haben lange dünne Stangen, mit denen sie gleich an das Fach klopfen aus dem sie etwas haben wollen. Darauf klettern die Gehilfen mit rasenden aber winzig kleinen Kletterbewegungen hinauf – man sieht nicht worauf sie klettern, man wischt sich die Augen und sieht es doch nicht – und holen das Verlangte. Ist es nur zur Unterhaltung gemacht oder ist es den Verkäufern angeboren, jedenfalls haben sie hinten aus der Hose hinausragend buschige Schwänze, wie Eichhörnchen etwa, aber viel länger, und beim Klettern zucken die Schwänze alle die vielen kleinen Bewegungen mit. Die Verbindung des Ladens mit der Straße erkennt man infolge des Gedränges der im Laden hin- und herströmenden Käufer gar nicht, dagegen sieht man ein kleines geschlossenes Fenster das rechts seitlich vom wahrscheinlichen Haupteingang auf die Gasse führt. Durch dieses Fenster sieht man draußen drei Menschen, sie füllen die Aussicht derartig vollständig aus, daß man nicht sagen kann, ob hinter ihnen die Gasse menschen-überfüllt oder vielleicht leer ist.

Hauptsächlich sieht man einen Mann der den Blick ganz auf sich zieht, zu seinen beiden Seiten steht je eine Frau, aber man bemerkt sie kaum, sie sind geduckt oder versenkt oder versinken eben schief gegen den Mann zu in die Tiefe, sie sind vollendet nebensächlich, dagegen hat der Mann selbst auch etwas Weibliches. Er ist kräftig, trägt eine blaue Arbeiterbluse, sein Gesicht ist breit und offen, die Nase gedrückt, es ist so als würde sie eben gedrückt und die Nasenlöcher kämpften, sich windend, um ihre Erhaltung, die Wangen haben viel Lebensfarbe. Immerfort blickt er in die Apotheke herein, bewegt die Lippen, beugt sich rechts und links als suche er drin etwas. Im Laden fällt ein Mann auf, der weder etwas verlangt noch bedient, aufrecht umhergeht, alles zu überblicken sucht, die unruhige Unterlippe mit zwei Fingern hält, manchmal nach der Taschenuhr sieht. Es ist offenbar der Besitzer, die Käufer zeigen ihn einander, er ist leicht zu erkennen an zahlreichen dünnen runden langen Lederriemen, die nicht zu lose, nicht zu fest den Oberkörper der Länge und Breite nach umhängen. Ein blonder etwa zehnjähriger Junge hält sich an seinem Rock, faßt auch manchmal nach den Riemen, er bittet um etwas, was der Apotheker nicht bewilligen will. Da läutet die Türglocke. Warum läutet sie? Soviele Käufer kamen und giengen, ohne daß sie läutete, aber nun läutet sie. Die Menge drängt von der Tür zurück, es ist als wäre dieses Läuten erwartet worden, es ist sogar so, als wüßte die Menge mehr als sie eingesteht. Nun sieht man auch die große zweiflügelige Glastür. Draußen ist eine schmale leere Gasse, reinlich mit Backsteinen gepflastert, es ist ein bewölkter regnerischer Tag, doch regnet es noch nicht. Ein Herr hat eben von der Gasse aus die Tür geöffnet und die Glocke dadurch in Bewegung gesetzt, aber nun hat er Zweifel, er tritt noch einmal zurück, überliest die Firmatafel, ja, es ist richtig und nun tritt er ein. Es ist der Arzt Herodias, jeder in der Menge weiß es. Die linke Hand in der Hosentasche geht er auf den Apotheker zu, der jetzt allein im freien Raume steht; sogar der Knabe ist, allerdings gleich in der ersten Reihe, zurückgeblieben und schaut mit seinen blauen, groß geöffneten Augen herüber. Herodias hat eine lächelnde überlegene Art zu reden, den Kopf hat er zurückgelehnt und auch wenn er selbst spricht, macht es den Eindruck als horche er. Dabei ist er sehr zerstreut, man muß ihm manches zweimal sagen, es macht Mühe zu ihm vorzudringen, auch darüber scheint er zu lächeln. Wie sollte ein Arzt die Apotheke nicht kennen, aber doch blickt er sich um, als sei er zum erstenmal hier und über die Verkäufer mit ihren Schwänzen schüttelt er den Kopf. Dann geht er auf den Apotheker zu, umfaßt ihn mit dem rechten Arm in Schulterhöhe, wendet ihn um und nun gehn sie beide eng aneinander weiter durch die seitlich zurückweichende Menge in das Innere der Apotheke, der Junge vor ihnen, scheu immer wieder zurückblickend. Sie kommen hinter die Pulte an einen Vorhang, den der Junge vor ihnen hebt, dann weiter durch Laboratoriumskammern und schließlich zu einer kleinen Tür die, da sie der Junge nicht zu öffnen wagt, der Arzt öffnen muß. Es besteht die Gefahr, daß die Menge, die bis hierher nachgedrängt ist, auch in das Zimmer folgen wird. Aber die Verkäufer, die inzwischen bis in die erste Reihe vorgedrungen sind, wenden sich ohne erst einen Befehl des Herrn abzuwarten, gegen die Menge, es sind junge Leute, kräftig, aber auch klug; langsam und still drükken sie die Menge zurück, die ja übrigens nur förmlich durch ihr Gewicht, nicht mit der Absicht zu stören, nachgerollt ist. Immerhin macht sich doch eine Gegenbewegung geltend. Der Mann mit den zwei Frauen verursacht sie, er hat seinen Fensterplatz verlassen, ist in den Laden gekommen und will nun noch weiter kommen, als alle andern. Gerade infolge der Nachgiebigkeit der Menge, die sichtlich gegen diesen Ort

Rücksicht übt, gelingt es ihm. Zwischen den Verkäufern durch, die er mehr durch zwei schnelle Blicke als durch die Ellbogen bei Seite schiebt, ist er mit seinen Frauen schon an die Herren herangekommen und zwischen ihren Köpfen blickt er, der größer ist als beide, in das Dunkel des Zimmers. »Wer kommt«, fragt eine Frau schwach aus dem Zimmer. »Sei ruhig, der Arzt«, antwortet der Apotheker und nun treten sie in das Zimmer ein. Niemand denkt daran Licht zu machen. Der Arzt hat den Apotheker verlassen und geht allein zum Bett. Der Mann und die Frauen lehnen am Bettpfosten zu den Füßen der Kranken wie an einem Geländer. Der Apotheker wagt nicht vorzugehn, der Junge hält sich wieder an ihn. Der Arzt fühlt sich durch die drei Fremden behindert. »Wer seid Ihr?« fragt er, aus Rücksicht für die Kranke leise. »Nachbarn«, sagt der Mann. »Was wollt Ihr?« »Wir wollen«, sagt der Mann und spricht viel lauter als der Arzt

Ich ruderte auf einem See. Es war in einer rundgewölbten Höhle ohne Tageslicht, aber doch war es hell, ein klares gleichmäßiges von dem bläulich-blassen Stein herabstrahlendes Licht. Trotzdem kein Luftzug zu spüren war, giengen die Wellen hoch, aber nicht so daß eine Gefahr für mein kleines aber festes Boot bestanden hätte. Ich ruderte ruhig durch die Wellen, dachte aber kaum ans Rudern, ich war nur damit beschäftigt mit allen meinen Kräften die Stille in mich aufzunehmen die hier herrschte, eine Stille wie ich sie bisher in meinem Leben niemals gefunden hatte. Es war wie eine Frucht, die ich noch nie gegessen hatte und die doch die nahrhafteste von allen Früchten war, ich hatte die Augen geschlossen und trank sie in mich. Freilich nicht ungestört, noch war die Stille vollkommen, aber fortwährend drohte eine Störung, noch hielt irgendetwas den Lärm zurück, aber er war vor der Tür, platzend vor Lust endlich loszubrechen. Ich rollte die Augen gegen ihn, der nicht da war, ich zog ein Ruder aus der Klammer, stand auf im schwankenden Boot und drohte mit dem Ruder ins Leere. Noch blieb es still und ich ruderte weiter.

Ich war so jung und auf dem besten Wege, denn der Jugend kann nichts mißlingen
Die Teufelei der Welt besteht darin, daß zwar die Jugend immer siegt über alles

---

Die Grundschwäche des Menschen besteht nicht etwa darin, daß er nicht siegen, sondern daß er den Sieg nicht ausnutzen kann. Die Jugend besiegt alles, den Urtrug, die versteckteste Teufelei, aber es ist niemand da der den Sieg auffangen könnte, lebendig machen könnte, denn dann ist auch schon die Jugend vorüber. Das Alter wagt an den Sieg nicht mehr zu rühren und die neue Jugend, gequält von dem gleicheinsetzenden neuen Angriff, will ihren eigenen Sieg. So wird der Teufel zwar immerfort besiegt, aber niemals vernichtet.

Die immer Mißtrauischen sind Menschen welche annehmen, daß neben dem großen Urbetrug noch in jedem Fall eigens für sie ein kleiner besonderer Betrug veranstaltet wird, daß also, wenn ein Liebesspiel auf der Bühne aufgeführt wird, die Schauspielerin außer dem verlogenen Lächeln für ihren Geliebten auch noch ein besonders hinterhältiges Lächeln für den ganz bestimmten Zuschauer auf der letzten Gallerie hat. Dummer Hochmut.

Kannst Du denn etwas anderes kennen als Betrug? Denn wird einmal der Betrug vernichtet darfst Du ja nicht hinsehn oder Du wirst zur Salzsäule.

Ich war fünfzehn Jahre alt, als ich als Lehrjunge in ein Geschäft eintrat. Es war für mich nicht leicht gewesen irgendwo aufgenommen zu werden, ich hatte zwar befriedigende Zeugnisse war aber sehr klein und schwach. Endlich wurde ich, eigentlich nur aus Mitleid, in einem Eisengeschäft aufgenommen. Es war ein düsteres kleines Geschäft und ich hatte Lasten zu tragen die für meine Kräfte viel zu schwer waren, aber doch war ich sehr zufrieden eine Stelle zu haben.

Es ist nicht notwendig, daß Du aus dem Haus gehst. Bleib bei Deinem Tisch und horche. Horche nicht einmal, warte bis es Dich bedrängt. Warte nicht einmal, sei völlig still und allein. Anbieten wird sich Dir die Welt zur Entlarvung, sie kann nicht anders, verzückt wird sie sich vor Dir winden.

Der große Schwimmer! Der große Schwimmer! riefen die Leute. Ich kam von der Olympiade in X, wo ich einen Weltrekord im Schwimmen erkämpft hatte. Ich stand auf der Freitreppe des Bahnhofes meiner Heimatsstadt – wo ist sie? – und blickte auf die in der Abenddämmerung undeutliche Menge. Ein Mädchen dem ich flüchtig über die Wange strich, hängte mir flink eine Schärpe um, auf der in einer fremden Sprache stand: Dem olympischen Sieger. Ein Automobil fuhr vor, einige Herren drängten mich hinein, zwei Herren fuhren auch mit, der Bürgermeister und noch jemand. Gleich waren wir in einem Festsaal, von der Gallerie herab sang ein Chor, als ich eintrat, alle Gäste, es waren hunderte, erhoben sich und riefen im Takt einen Spruch den ich nicht genau verstand. Links von mir saß ein Minister, ich weiß nicht warum mich das Wort bei der Vorstellung so erschreckte, ich maß ihn wild mit den Blicken, besann mich aber bald, rechts saß die Frau des Bürgermeisters, eine üppige Dame, alles an ihr, besonders in der Höhe der Brüste, erschien mir voll Rosen und Straußfedern. Mir gegenüber saß ein dicker Mann mit auffallend weißem Gesicht, seinen Namen hatte ich bei der Vorstellung überhört, er hatte die Elbogen auf den Tisch gelegt – es war ihm besonders viel Platz gemacht worden – sah vor sich hin und schwieg, rechts und links von ihm saßen zwei schöne blonde Mädchen, lustig waren sie, immerfort hatten sie etwas zu erzählen und ich sah von einer zur andern. Weiterhin konnte ich trotz der reichen Beleuchtung die Gäste nicht scharf erkennen, vielleicht weil alles in Bewegung war, die Diener umherliefen, die Speisen gereicht, die Gläser ge- hoben wurden, vielleicht war alles sogar allzusehr beleuch- tet. Auch war eine gewisse Unordnung – die einzige übrigens – die darin bestand daß einige Gäste, besonders Damen, mit dem Rücken zum Tisch gekehrt saßen undzwar so, daß nicht etwa die Rückenlehne des Sessels dazwischen war, sondern der Rücken den Tisch fast berührte. Ich machte die Mädchen mir gegenüber darauf aufmerksam, aber während sie sonst so gesprächig waren, sagten sie diesmal nichts, sondern lächel- ten mich nur mit langen Blicken an. Auf ein Glockenzeichen – die Diener erstarrten zwischen den Sitzreihen – erhob sich der Dicke gegenüber und hielt eine Rede. Warum nur der Mann so traurig war! Während der Rede betupfte er mit dem Taschentuch das Gesicht, das wäre ja hingegangen, bei seiner Dicke, der Hitze im Saal, der Anstrengung des Redens wäre das verständlich gewesen, aber ich merkte deutlich, daß das

Ganze nur eine List war, die verbergen sollte, daß er sich die Tränen aus den Augen wischte. Nachdem er geendet hatte, stand natürlich ich auf und hielt auch eine Rede. Es drängte mich geradezu zu sprechen, denn manches schien mir hier und wahrscheinlich auch anderswo der öffentlichen und offenen Aufklärung bedürftig, darum begann ich:

Geehrte Festgäste! Ich habe zugegebener maßen einen Weltrekord, wenn Sie mich aber fragen würden wie ich ihn erreicht habe, könnte ich Ihnen nicht befriedigend antworten. Eigentlich kann ich nämlich gar nicht schwimmen. Seitjeher wollte ich es lernen, aber es hat sich keine Gelegenheit dazu gefunden. Wie kam es nun aber, daß ich von meinem Vaterland zur Olympiade geschickt wurde? Das ist eben auch die Frage die mich beschäftigt. Zunächst muß ich feststellen, daß ich hier nicht in meinem Vaterland bin und trotz großer Anstrengung kein Wort von dem verstehe was hier gesprochen wird. Das naheliegendste wäre nun an eine Verwechslung zu glauben, es liegt aber keine Verwechslung vor, ich habe den Rekord, bin in meine Heimat gefahren, heiße so wie Sie mich nennen, bis dahin stimmt alles, von da ab aber stimmt nichts mehr, ich bin nicht in meiner Heimat, ich kenne und verstehe Sie nicht. Nun aber noch etwas, was nicht genau, aber doch irgendwie der Möglichkeit einer Verwechslung widerspricht: es stört mich nicht sehr, daß ich Sie nicht verstehe und auch Sie scheint es nicht sehr zu stören, daß Sie mich nicht verstehen. Von der Rede meines geehrten Herrn Vorredners glaube ich nur zu wissen daß sie trostlos traurig war, aber dieses Wissen genügt mir nicht nur, es ist mir sogar noch zuviel. Und ähnlich verhält es sich mit allen Gesprächen, die ich seit meiner Ankunft hier geführt habe. Doch kehren wir zu meinem Weltrekord zurück

---

Vor dem Eingang des Hauses stehn zwei Männer, sie scheinen ganz willkürlich angezogen, das meiste was sie anhaben sind Lumpen, schmutzig, zerrissen, in Fransen, aber einzelnes ist wieder sehr gut erhalten, der eine hat einen neuen hohen Kragen mit seidener Kravatte, der andere eine feine Nankinghose, breit geschnitten, nach unten schmaler, über den Stiefeln zart umgekrempelt. Sie unterhalten sich und verstellen die Tür. Es kommt ein Mann, scheinbar ein Landgeistlicher, in mittlern Jahren, groß, fest, starkhalsig, gerade hin und her schwankend auf seinen steifen Beinen. Er will eintreten, es ist eine dringende Angelegenheit, wegen der er kommt. Aber die zwei bewachen den Eingang, der eine zieht aus seiner Hose eine Uhr an langer Goldkette – es scheinen einige an einander befestigte Ketten zu sein – es ist noch nicht neun Uhr, vor zehn darf aber niemand eingelassen werden. Dem Geistlichen ist das sehr ungelegen, aber die zwei Männer unterhalten sich schon wieder weiter. Der Geistliche sieht sie ein Weilchen an; scheint die Nutzlosigkeit weitern Bittens zu erkennen, geht auch schon paar Schritte weiter, da bekommt er einen Einfall und kehrt wieder zurück. Ob die Herren denn eigentlich wüßten, zu wem er gehen wolle? Zu seiner Schwester Rebekka Zoufal, einer alten Dame, die mit ihrer Bedienerin im zweiten Stock wohnt. Das hatten die Wächter allerdings nicht gewußt, jetzt haben sie nichts mehr dagegen, daß der Geistliche eintritt, sie machen sogar eine Art förmliche Verbeugung, als er zwischen ihnen durchgeht. Als der Geistliche im Flur ist muß er unwillkürlich lächeln, daß es so leicht war, die zwei zu überlisten. Flüchtig blickt er noch einmal zurück, zu seinem Staunen sieht er, daß die Wächter eben Arm in Arm fortgehn. Sollten sie nur seinetwegen dagestanden haben? Es wäre, soweit der Überblick des Geistlichen reicht, nicht ausgeschlossen. Er dreht sich völlig um, die Straße ist ein wenig belebter geworden, oft blickt einer der Passanten in den Flur herein, geradezu aufreizend scheint es dem Geistlichen zu sein, wie weit die Haustür mit ihren beiden Flügeln offensteht, es liegt eine Gespanntheit in diesem Offenstehn, als nehme die Tür damit einen Anlauf zu einem wütenden endgültigen Zuklappen. Da hört er seinen Namen rufen, »Arnold«, ruft es durch das Treppenhaus, eine dünne, sich überanstrengende Stimme, und gleich darauf klopft ihm ein Finger leicht auf den Rücken. Eine alte gebückte Frau steht da, ganz eingehüllt in ein dunkelgrünes großmaschiges Gewebe und blickt ihn förmlich nicht mit den Augen, sondern mit einem langen schmalen Zahn an, der öde vereinzelt in ihrem Munde steht.

———

Weg davon, weg davon, wir ritten durch die Nacht. Sie war dunkel, mond- und sternenlos und noch dunkler als sonst mond- und sternlose Nächte sind. Wir hatten einen wichtigen Auftrag, den unser Führer in einem versiegelten Brief bei sich trug. Aus Sorge, wir könnten den Führer verlieren, ritt hie und da einer von uns vor und tastete nach dem Führer, ob er noch da sei. Einmal, gerade als ich nachsah, war der Führer nicht mehr da. Wir erschraken nicht allzusehr wir hatten es ja die ganze Zeit über gefürchtet. Wir beschlossen, zurückzureiten

———

Die Stadt gleicht der Sonne, in einem mittlern Kreis ist alles Licht dicht gesammelt, es blendet, man verliert sich, man findet die Straßen, die Häuser nicht, man kommt, wenn man einmal eingetreten ist, förmlich nicht mehr hervor, in einem weitern viel größeren Kreisring ist noch immer eng, aber nicht mehr ununterbrochen ausgestrahltes Licht, es gibt dunkle Gäßchen, versteckte Durchhäuser, sogar ganz kleine Plätze, die in Dämmerung und Kühle liegen, dann ein noch größerer Kreisring, hier ist das Licht schon so zerstreut, daß man es suchen muß, große Stadtflächen stehn hier nur in kaltem grauem Schein, und dann endlich schließt sich das offene Land an, mattfarbig, spätherbstlich, kahl, kaum einmal durchzuckt von einer Art Wetterleuchten.

In dieser Stadt ist fortwährend früher noch kaum beginnender Morgen, der Himmel ein ebenmäßiges, kaum sich lichtendes Grau, die Straßen leer, rein und still, irgendwo bewegt sich langsam ein Fensterflügel der nicht befestigt worden ist, irgendwo wehn die Enden eines Tuches, das über ein Balkongeländer in einem letzten Stockwerk gelegt ist, irgendwo flattert leicht ein Vorhang in einem offenen Fenster, sonst gibt es keine Bewegung.

Versunken in die Nacht. So wie man manchmal den Kopf senkt, um nachzudenken, so ganz versunken sein in die Nacht. Ringsum schlafen die Menschen. Eine kleine Schauspielerei, eine unschuldige Selbsttäuschung daß sie in Häusern schlafen, in festen Betten unter festem Dach ausgestreckt oder geduckt auf Matratzen, in Tüchern, unter Decken, in Wirklichkeit haben sie sich zusammengefunden wie damals einmal und wie später einmal in wüster Gegend, ein Lager im Freien, eine unübersehbare Zahl Menschen, ein Heer, ein Volk, unter kaltem Himmel auf kalter Erde, hingeworfen wo man früher stand, die Stirn auf den Arm gedrückt, das Gesicht gegen den Boden hin, ruhig atmend. Und Du wachst, bist einer der Wächter, findest den nächsten durch Schwenken des brennenden Holzes aus dem Reisighaufen neben Dir. Warum wachst Du? Einer muß wachen, heißt es. Einer muß dasein,

Unser Städtchen liegt nicht etwa an der Grenze, bei weitem nicht, zur Grenze ist noch so weit, daß vielleicht noch niemand aus dem Städtchen dort gewesen ist, wüste Hochländer sind zu durchqueren, aber auch weite fruchtbare Länder. Man wird müde wenn man sich nur einen Teil des Weges vorstellt und mehr als einen Teil kann man sich gar nicht vorstellen. Auch große Städte liegen auf dem Weg, viel größer als unser Städtchen. Zehn solche Städtchen nebeneinander gelegt und von oben noch zehn solche Städtchen hineingezwängt ergeben noch keine dieser riesigen und engen Städte. Verirrt man sich nicht auf dem Weg dorthin, so verirrt man sich in den Städten gewiß und ihnen auszuweichen ist wegen ihrer Größe unmöglich.

Aber doch noch weiter als bis zur Grenze ist, wenn man solche Entfernungen überhaupt vergleichen kann – es ist so wie wenn man sagte, ein dreihundertjähriger Mann ist älter als ein zweihundertjähriger – also noch viel weiter, als bis zur Grenze ist es von unserem Städtchen zur Hauptstadt. Während wir von den Grenzkriegen hie und da doch Nachrichten bekommen, erfahren wir aus der Hauptstadt fast nichts, wir bürgerlichen Leute meine ich, denn die Regierungsbeamten haben allerdings eine sehr gute Verbindung mit der Hauptstadt; in zwei, drei Monaten können sie schon eine Nachricht von dort haben, wenigstens behaupten sie es.

Und nun ist es merkwürdig und darüber wundere ich mich immer wieder von neuem, wie wir uns in unserem Städtchen allem ruhig fügen was von der Hauptstadt aus angeordnet wird. Seit Jahrhunderten hat bei uns keine von den Bürgern selbst ausgehende politische Veränderung stattgefunden. In der Hauptstadt haben die hohen Herrscher einander abgelöst, ja sogar Dynastien sind ausgelöscht oder abgesetzt worden und neue haben begonnen, im vorigen Jahrhundert ist sogar die Hauptstadt selbst zerstört, eine neue weit von ihr gegründet, später auch diese zerstört und die alte wieder aufgebaut worden, auf unser Städtchen hat das eigentlich keinen Einfluß gehabt. Unsere Beamtenschaft war immer auf ihrem Posten, die höchsten Beamten kamen aus der Hauptstadt, die mittleren Beamten zumindest von auswärts, die niedrigsten aus unserer Mitte und so blieb es und so hat es uns genügt. Der höchste Beamte ist der Obersteuereinnehmer, er hat den Rang eines Obersten und wird auch so genannt. Heute ist er ein alter Mann, ich kenne ihn aber schon seit Jahren, denn schon in meiner Kinderzeit war er Oberst, er hat zuerst eine sehr schnelle Karriere gemacht, dann scheint sie aber gestockt zu haben, nun für unser Städtchen reicht sein Rang aus, einen höheren Rang wären wir bei uns gar nicht aufzunehmen fähig. Wenn ich mir ihn vorzustellen suche, sehe ich ihn auf der Veranda seines Hauses auf dem Marktplatz sitzen, zurückgelehnt, die Pfeife im Mund. Über ihm weht vom Dach die Reichsfahne, an den Seiten der Veranda, die so groß ist, daß dort manchmal auch kleine militärische Übungen stattfinden, ist die Wäsche zum Trocknen ausgehängt. Seine Enkel, in schönen seidenen Kleidern, spielen um ihn herum, auf den Marktplatz hinunter dürfen sie nicht gehn, die andern Kinder sind ihrer unwürdig, aber doch lockt sie der Platz und sie stecken wenigstens die Köpfe zwischen den Geländerstangen durch und wenn die andern Kinder unten streiten, streiten sie von oben mit.

Dieser Oberst also beherrscht die Stadt. Ich glaube, er hat noch niemandem ein Dokument vorgezeigt, das ihn dazu berechtigt. Er hat wohl auch kein solches Dokument. Vielleicht ist er wirklich Obersteuereinnehmer, aber ist das alles?, berechtigt ihn das auch in allen Gebieten der Verwaltung zu herrschen? Sein Amt ist ja für den Staat sehr wichtig, aber für die Bürger ist es doch nicht das Wichtigste. Bei uns hat man fast den Eindruck als ob die Leute sagten: »Nun hast Du uns alles genommen was wir hatten, nun nimm bitte auch uns selbst noch dazu.« Denn tatsächlich hat er nicht etwa die Herrschaft an sich gerissen und ist auch kein Tyrann. Es hat sich seit alten Zeiten so entwickelt, daß der Obersteuereinnehmer der erste Beamte ist und der Oberst fügt sich dieser Tradition nicht anders als wir.

Aber doch, trotzdem er ohne allzuviel Unterscheidungen der Würde unter uns lebt, ist er doch etwas ganz anderes als die gewöhnlichen Bürger. Wenn eine Abordnung mit einer Bitte vor ihn kommt, steht er da wie die Mauer der Welt. Hinter ihm ist nichts mehr, man hört förmlich dort weiterhin noch ahnungsweise paar Stimmen flüstern, aber das ist wahrscheinlich Täuschung, er bedeutet doch den Abschluß des Ganzen, wenigstens für uns. Man muß ihn bei solchen Empfängen gesehen haben. Als Kind war ich einmal dabei, als eine Abordnung der Bürgerschaft ihn um eine Regierungsunterstützung bat, denn das ärmste Stadtviertel war gänzlich niedergebrannt. Mein Vater, der Hufschmied, ist in der Gemeinde angesehn, war Mitglied der Abordnung und hatte mich mitgenommen. Das ist nichts außergewöhnliches, zu einem solchen Schauspiel drängt sich alles, man erkennt die eigentliche Abordnung kaum aus der Menge heraus; da solche Empfänge meist auf der Veranda stattfinden, gibt es auch Leute, die vom Marktplatz her auf Leitern hinaufklettern und über das Geländer hinweg an den Dingen oben teilnehmen. Damals war es so eingerichtet, daß etwa ein Viertel der Veranda ihm vorbehalten war, den übrigen Teil füllte die Menge. Einige Soldaten überwachten alles, auch umstanden sie in einem Halbkreis ihn selbst. Im Grunde hätte ein Soldat für alles genügt, so groß ist bei uns die Furcht vor ihnen. Ich weiß nicht genau von wo diese Soldaten kommen, jedenfalls von weit her, alle sind sie einander sehr ähnlich, sie würden nicht einmal eine Uniform brauchen. Es sind kleine, nicht starke, aber behende Leute, am auffallendsten ist an ihnen das starke Gebiß, das förmlich allzusehr ihren Mund füllt, und dann ein gewisses unruhig zuckendes Blitzen ihrer kleinen schmalen Augen. Durch dieses beides sind sie der Schrecken der Kinder, allerdings auch ihre Lust, denn immerfort möchten die Kinder vor diesem Gebiß und diesen Augen erschrekken wollen, um dann verzweifelt wegzulaufen. Dieser Schrecken aus der Kinderzeit verliert sich wahrscheinlich auch bei den Erwachsenen nicht, zumindest wirkt er nach. Es kommt dann freilich auch noch anderes hinzu. Die Soldaten sprechen einen uns ganz unverständlichen Dialekt, können sich an unsern kaum gewöhnen, dadurch ergibt sich bei ihnen eine gewisse Abgeschlossenheit, Unnahbarkeit, die überdies auch ihrem Charakter entspricht, so still, ernst und starr sind sie, sie tun nichts eigentlich Böses und sind doch in einem bösen Sinn fast unerträglich. Es kommt z. B. ein Soldat in ein Geschäft, kauft eine Kleinigkeit, und bleibt dort nun an den Pult gelehnt stehn, hört den Gesprächen zu, versteht sie wahrscheinlich nicht, aber es hat doch den Anschein als ob er sie verstünde, sagt selbst kein Wort, blickt nur starr auf den welcher spricht, dann wieder auf die welche zuhören und hält die Hand auf dem Griff des langen Messers in seinem Gürtel. Das ist abscheulich, man verliert die Lust an der Unterhaltung, der Laden leert sich und erst wenn er ganz leer ist, geht auch der Soldat. Wo also die Soldaten auftreten wird auch unser lebhaftes Volk still. So war es auch damals. Wie bei allen feierlichen Gelegenheiten stand der Oberst aufrecht und hielt mit den nach vorn ausgestreckten Händen zwei lange Bambusstangen. Es ist eine alte Sitte die etwa bedeutet: So stützt er das Gesetz und so stützt es ihn. Nun weiß ja jeder was ihn oben auf der Veranda erwartet und doch pflegt man immer wieder von neuem zu erschrecken, auch damals wollte der zum Reden Bestimmte nicht anfangen, er stand schon dem Obersten gegenüber, aber dann verließ ihn der Mut und er drängte sich wieder unter verschiedenen Ausreden in die Menge zurück. Auch sonst fand sich kein Geeigneter der bereit gewesen wäre zu sprechen – von den Ungeeigneten boten sich allerdings einige an – es war eine große Verwirrung und man sandte Boten an verschiedene Bürger, bekannte Redner, aus. Während dieser ganzen Zeit stand der Oberst unbeweglich da, nur im Atmen hob und senkte sich auffallend die Brust. Nicht daß er etwa schwer geatmet hätte, er atmete nur äußerst deutlich, so wie z. B. Frösche atmen, nur daß es bei ihnen immer so ist, hier aber war es außerordentlich. Ich schlich mich zwischen den Erwachsenen durch und beobachtete ihn durch die Lücke zwischen zwei Soldaten solange bis mich einer mit dem Knie wegstieß. Inzwischen hatte sich der ursprünglich zum Redner Bestimmte gesammelt und von zwei Mitbürgern fest gestützt hielt er die Ansprache. Rührend war, wie er bei dieser ernsten das große Unglück schildernden Rede immer lächelte, ein allerdemütigstes Lächeln, das sich vergeblich anstrengte auch nur einen leichten Widerschein auf dem Gesicht des Obersten hervorzurufen. Schließlich formulierte er die Bitte, ich glaube, er bat nur um Steuerbefreiung für ein Jahr, vielleicht aber auch noch um billigeres Bauholz aus den kaiserlichen Wäldern. Dann verbeugte er sich tief und blieb in der Verbeugung, ebenso wie alle andern außer dem Obersten, den Soldaten und einigen Beamten im Hintergrund. Lächerlich war es für das Kind, wie die auf den Leitern am Verandarand paar Sprossen hinunterstiegen um während dieser entscheidenden Pause nicht gesehen zu werden und nur neugierig unten knapp über dem Boden der Veranda von Zeit zu Zeit spionierten. Das dauerte eine Weile, dann trat ein Beamter, ein kleiner Mann, vor den Obersten, suchte sich auf den Fußspitzen zu ihm emporzuheben, erhielt von ihm, der noch immer bis auf das tiefe Atmen unbeweglich blieb etwas ins Ohr geflüstert, klatschte in die Hände, worauf sich alle erhoben, und verkündete: »Die Bitte ist abgewiesen. Entfernt Euch.« Ein unleugbares Gefühl der Erleichterung ging durch die Menge, alles drängte sich hinaus, auf den Obersten, der förmlich wieder ein Mensch wie wir alle geworden war, achtete kaum jemand besonders, ich sah nur, wie er tatsächlich erschöpft die Stangen losließ, die hinfielen, in einen von Beamten herbeigeschleppten Lehnstuhl sank und eilig die Tabakpfeife in den Mund schob.

Dieser ganze Vorfall ist nicht vereinzelt, so geht es allgemein zu. Es kommt zwar vor, daß hie und da kleine Bitten erfüllt werden, aber dann ist es so, als hätte dies der Oberst auf eigene Verantwortung als mächtige Privatperson getan, es muß – gewiß nicht ausdrücklich, aber der Stimmung nach – förmlich vor der Regierung geheimgehalten werden. Nun sind ja in unserem Städtchen die Augen des Obersten, soweit wir es beurteilen können, auch die Augen der Regierung, aber doch wird hier ein Unterschied gemacht, in den vollständig nicht einzudringen ist.

In wichtigen Angelegenheiten aber kann die Bürgerschaft einer Abweisung immer sicher sein. Und nun ist es eben so merkwürdig, daß man ohne diese Abweisung gewissermaßen nicht auskommen kann und dabei ist dieses Hingehn und Abholen der Abweisung durchaus keine Formalität. Immer wieder frisch und ernst geht man hin und geht dann wieder von dort allerdings nicht geradezu gekräftigt und beglückt, aber doch auch gar nicht enttäuscht und müde.

Es gibt allerdings so weit meine Beobachtungen reichen, eine gewisse Altersklasse, die nicht zufrieden ist, es sind etwa die jungen Leute zwischen siebzehn und zwanzig. Also ganz junge Burschen, die die Tragweite des unbedeutendsten, wie

erst gar eines revolutionären Gedankens nicht von der Ferne
ahnen können. Und gerade unter sie schleicht sich die Unzufriedenheit ein

———————

Dem berühmten Dresseur Burson wurde einmal ein Tiger
vorgeführt; er sollte sich über die Dressurfähigkeit des Tieres
äußern. In den Dressurkäfig, der die Ausmaße eines Saals
hatte – er stand in einem großen Barackenbau weit vor der
Stadt – wurde der kleine Käfig mit dem Tiger geschoben. Die
Wärter entfernten sich, Burson wollte bei jeder ersten Begegnung mit einem Tier völlig allein sein. Der Tiger lag still, er
war eben reichlich gefüttert worden. Ein wenig gähnte er,
sah müde die neue Umgebung an und schlief gleich ein.

———————

Ein Mann saß beim Tisch und las beim Licht einer Lampe ein
Buch.

———————

Ein Mann brach in das stille Amtzimmer ein und rief: Ich bin
es, der Deserteur. Beim Schreibtisch saß ein

———————

Zur Frage der Gesetze

Unsere Gesetze sind leider nicht allgemein bekannt, sie sind
Geheimnis der kleinen Adelsgruppe, welche uns beherrscht.
Wir sind davon überzeugt, daß diese alten Gesetze genau
eingehalten werden, aber es ist doch etwas äußerst Quälendes
nach Gesetzen beherrscht zu werden, die man nicht kennt.
Ich denke hiebei nicht an die verschiedenen Auslegungsmög-
lichkeiten und die Nachteile, die es mit sich bringt, wenn nur

Einzelne und nicht das ganze Volk an der Auslegung sich beteiligen dürfen. Diese Nachteile sind vielleicht gar nicht sehr groß. Die Gesetze sind ja so alt, Jahrhunderte haben an ihrer Auslegung gearbeitet, auch diese Auslegung ist wohl schon Gesetz geworden, die möglichen Freiheiten bei der Auslegung bestehn zwar immer noch, sind aber sehr eingeschränkt. Außerdem hat offenbar der Adel keinen Grund sich bei der Auslegung von seinem persönlichen Interesse zu unsern Ungunsten beeinflussen zu lassen, denn die Gesetze sind ja von ihrem Beginne an für den Adel festgelegt worden, der Adel steht außerhalb des Gesetzes und gerade deshalb scheint das Gesetz sich ausschließlich in die Hände des Adels gegeben zu haben. Darin liegt natürlich Weisheit – wer zweifelt die Weisheit der alten Gesetze an? – aber eben auch Qual für uns, wahrscheinlich ist das unumgänglich.

Übrigens können auch diese Schein-Gesetze eigentlich nur vermutet werden. Es ist eine Tradition, daß sie bestehn und dem Adel als Geheimnis anvertraut sind, aber mehr als alte und durch ihr Alter glaubwürdige Tradition ist es nicht und kann es nicht sein, denn der Charakter dieser Gesetze verlangt auch das Geheim-halten ihres Bestandes. Wenn wir im Volk also seit ältesten Zeiten die Handlungen des Adels aufmerksam verfolgen, Aufschreibungen unserer Ureltern darüber besitzen und sie gewissenhaft fortgesetzt haben und wenn wir in den zahllosen Tatsachen gewisse Richtlinien zu erkennen glauben, die auf diese oder jene gesetzliche Bestimmung schließen lassen und wenn wir nach diesen sorgfältigst gesiebten und geordneten Schlußfolgerungen uns für die Gegenwart und Zukunft ein wenig einzurichten suchen – so ist das alles höchst unsicher und vielleicht nur ein Spiel des Verstandes, denn vielleicht bestehen diese Gesetze die wir hier zu erraten suchen überhaupt nicht. Es gibt eine kleine Partei, die wirklich dieser Meinung ist und die nachzuweisen sucht, daß, wenn ein Gesetz besteht, es nur lauten kann: Was der Adel tut, ist Gesetz. Diese Partei sieht nur Willkürakte des Adels und verwirft die Volkstradition, die ihrer Meinung nach nur geringen zufälligen Nutzen bringt, dagegen meistens schweren Schaden, da sie dem Volk den kommenden Ereignissen gegenüber eine falsche trügerische zu Leichtsinn führende Sicherheit gibt. Dieser Schaden ist nicht zu leugnen, aber die beiweitem überwiegende Mehrheit unseres Volkes sieht die Ursache dessen darin, daß die Tradition noch beiweitem nicht ausreicht, daß also noch viel mehr in ihr geforscht werden muß und daß allerdings auch ihr Material, so riesenhaft es uns scheint, noch viel zu klein ist und daß noch Jahrhunderte vergehen müssen ehe es genügen wird. Das für die Gegenwart Trübe dieses Ausblicks erhellt nur der Glaube, daß einmal eine Zeit kommen wird, wo die Tradition und ihre Forschung gewissermaßen aufatmend den Schlußpunkt macht, alles klar geworden ist, das Gesetz nun dem Volk gehört und der Adel verschwindet. Das wird nicht etwa mit Haß gegen den Adel gesagt, durchaus nicht und von niemandem, eher hassen wir uns selbst, weil wir noch nicht des Gesetzes gewürdigt werden können. Und darum eigentlich ist jene in gewissem Sinn doch sehr verlockende Partei, welche an kein eigentliches Gesetz glaubt, so klein geblieben, weil auch sie den Adel und das Recht seines Bestandes vollkommen anerkennt. Man kann es eigentlich nur in einer Art Widerspruch ausdrücken: Eine Partei die neben dem Glauben an die Gesetze auch den Adel verwerfen würde, hätte sofort das ganze Volk hinter sich, aber eine solche Partei kann nicht entstehn, weil den Adel niemand zu verwerfen wagt. Auf dieses Messers Schneide leben wir. Ein Schriftsteller hat das einmal so zusammengefaßt: Das einzige sichtbare zweifellose Gesetz, das uns auferlegt ist, ist der Adel und um dieses einzige Gesetz sollten wir uns selbst bringen wollen?

Die Truppenaushebungen, die oft nötig sind, denn die Grenzkämpfe hören niemals auf, finden auf folgende Weise statt:

Es ergeht der Auftrag, daß an einem bestimmten Tag in einem bestimmten Stadtteil alle Einwohner, Männer, Frauen, Kinder ohne Unterschied, in ihren Wohnungen bleiben müssen. Meist erst gegen Mittag erscheint am Eingang des Stadtteils, wo eine Soldatenabteilung, Fußsoldaten und Berittene, schon seit der Morgendämmerung wartet, der junge Adelige, der die Aushebung vornehmen soll. Es ist ein junger Mann, schmal, nicht groß, schwach, nachlässig angezogen, mit müden Augen, Unruhe überläuft ihn immerfort wie einen Kranken das Frösteln. Ohne jemanden anzuschauen, macht er mit einer Peitsche, die seine ganze Ausrüstung bildet, ein Zeichen, einige Soldaten schließen sich ihm an und er betritt das erste Haus. Ein Soldat der alle Einwohner dieses Stadtteils persönlich kennt, verliest das Verzeichnis der Hausgenossen. Gewöhnlich sind alle da, stehn schon in einer Reihe in der Stube, hängen mit den Augen an dem Adeligen, als seien sie schon Soldaten. Es kann aber auch geschehn, daß hie und da einer, immer sind es nur Männer, fehlt. Dann wird niemand eine Ausrede oder gar eine Lüge vorzubringen wagen, man schweigt bloß, man senkt die Augen, man erträgt kaum den Druck des Befehles gegen den man sich in diesem Haus vergangen hat, aber die stumme Gegenwart des Adeligen hält doch alle auf ihren Plätzen. Der Adelige gibt ein Zeichen, es ist nicht einmal ein Kopfnicken, es ist nur von den Augen abzulesen und zwei Soldaten fangen den Fehlenden zu suchen an. Das gibt gar keine Mühe. Niemals ist er außerhalb des Hauses, niemals beabsichtigt er sich wirklich dem Truppendienst zu entziehn, nur aus Angst ist er nicht gekommen, aber es ist auch nicht Angst vor dem

Dienst, die ihn abhält, es ist überhaupt Scheu davor sich zu zeigen, der Befehl ist für ihn förmlich zu groß, angsterregend groß, er kann nicht aus eigener Kraft kommen. Aber deshalb flüchtet er nicht, er versteckt sich bloß und wenn er hört daß der Adelige im Haus ist, schleicht er sich wohl auch noch aus dem Versteck, schleicht zur Tür der Stube und wird sofort von den heraustretenden Soldaten gepackt. Er wird vor den Adeligen geführt der die Peitsche mit beiden Händen faßt – er ist so schwach, mit einer Hand würde er gar nichts ausrichten – und den Mann prügelt. Große Schmerzen verursacht das kaum, dann läßt er halb aus Erschöpfung, halb in Widerwillen die Peitsche fallen, der Geprügelte hat sie aufzuheben und ihm zu reichen. Dann erst darf er in die Reihe der übrigen treten; es ist übrigens fast sicher daß er nicht assentiert werden wird. Es geschieht aber auch, und dieses ist häufiger, daß mehr Leute da sind als in dem Verzeichnis stehn. Ein fremdes Mädchen ist z. B. da und blickt den Adeligen an, sie ist von auswärts, vielleicht aus der Provinz, die Truppenaushebung hat sie hergelockt, es gibt viele Frauen, die der Verlockung einer solchen fremden Aushebung – die häusliche hat eine ganz andere Bedeutung – nicht widerstehn können. Und es ist merkwürdig, es wird nichts Schimpfliches darin gesehn, wenn eine Frau dieser Verlockung nachgibt, im Gegenteil, es ist irgendetwas das nach der Meinung mancher die Frauen durchmachen müssen, es ist eine Schuld, die sie ihrem Geschlecht abzahlen. Es verläuft auch immer gleichartig. Das Mädchen oder die Frau hört, daß irgendwo, vielleicht sehr weit, bei Verwandten oder Freunden, Aushebung ist, sie bittet ihre Angehörigen um die Bewilligung der Reise, man willigt ein, das kann man nicht verweigern, sie zieht das Beste an, was sie hat, ist fröhlicher als sonst, dabei ruhig und freundlich, gleichgültig wie sie auch sonst sein mag, und hinter aller Ruhe und Freundlichkeit unzugänglich wie etwa eine völlig Fremde, die in ihre Heimat fährt und nun an nichts anderes mehr denkt. In der Familie, wo die Aushebung stattfinden soll, wird sie ganz anders empfangen wie ein gewöhnlicher Gast, alles umschmeichelt sie, alle Räume des Hauses muß sie durchgehn, aus allen Fenstern sich beugen und legt sie jemandem die Hand auf den Kopf, ist es mehr als der Segen des Vaters. Wenn sich die Familie zur Aushebung bereit macht, bekommt sie den besten Platz, das ist der in der Nähe der Tür und wo sie vom Adeligen am besten gesehn wird und am besten ihn sehen wird. So geehrt ist sie aber nur bis zum Eintritt des Adeligen, von da an verblüht sie förmlich. Er sieht sie ebensowenig an wie die andern und selbst wenn er die Augen auf jemanden richtet fühlt sich dieser nicht angesehn. Das hat sie nicht erwartet oder vielmehr sie hat es bestimmt erwartet, denn es kann nicht anders sein, aber es war auch nicht die Erwartung des Gegenteils die sie hergetrieben hat, es war bloß etwas, das jetzt allerdings zu ende ist. Scham fühlt sie in einem Maße, wie sie vielleicht unsere Frauen niemals sonst fühlen, erst jetzt merkt sie eigentlich daß sie zu einer fremden Aushebung sich gedrängt hat, und wenn der Soldat das Verzeichnis vorgelesen hat, ihr Name nicht vorkam und einen Augenblick Stille ist, flüchtet sie zitternd und gebückt aus der Tür und bekommt noch einen Faustschlag des Soldaten in den Rücken.

Ist es ein Mann der überzählig ist, so will er eben nichts anderes, als eben, trotzdem er nicht in dieses Haus gehört, doch mit ausgehoben werden. Auch das ist ja völlig aussichtslos, niemals ist ein solcher Überzähliger ausgehoben worden und niemals wird etwas derartiges geschehn.

Es heißt in einer unserer alten Schriften:

Diejenigen welche das Leben verfluchen und deshalb das Nichtgeborenwerden oder das Überwinden des Lebens für das größte oder für das einzige täuschungslose Glück halten, müssen recht haben, denn das Urteil über das Leben

―――――

Aus der alten Geschichte unseres Volkes werden schreckliche Strafen berichtet. Damit ist allerdings nichts zur Verteidigung des gegenwärtigen Strafsystems gesagt.

―――――

Ein Mann bezweifelte die göttliche Abstammung des Kaisers, er bezweifelte nicht die göttliche Sendung des Kaisers, nur die göttliche Abstammung bezweifelte er.

―――――

Vor einen Richter der kaiserlichen Stadt wurde ein Mann gebracht, der die göttliche Abstammung des Kaisers leugnete. Er war aus seiner Heimat wochenlang von Soldaten transportiert worden, konnte vor Müdigkeit kaum sitzen, war hohlwangig und

―――――

Du bezweifelst die göttliche Abstammung des Kaisers?

Ja die muß ich bezweifeln

―――――

Man schämt sich zu sagen, womit der kaiserliche Oberst unser Bergstädtchen beherrscht. Seine wenigen Soldaten wären wenn wir wollten gleich entwaffnet, Hilfe für ihn käme, selbst wenn er sie rufen könnte – aber wie könnte er das? – tage-, ja wochenlang nicht. Warum dulden wir also seine verhaßte Regierung? Es ist zweifellos: nur seines Blickes wegen. Wenn man in sein Arbeitszimmer kommt, vor einem Jahrhundert war es der Beratungssaal unserer Ältesten, sitzt er in Uniform an dem Schreibtisch, die Feder in der Hand. Förmlichkeiten oder gar Komödiespielen liebt er nicht, er schreibt also nicht etwa weiter und läßt den Besucher warten, sondern unterbricht die Arbeit sofort und lehnt sich zurück, die Feder allerdings behält er in der Hand. Nun sieht er zurückgelehnt, die Linke in der Hosentasche den Besucher an. Der Bittsteller hat den Eindruck, daß der Oberst mehr sieht als nur ihn, den für ein Weilchen aus der Menge aufgetauchten Unbekannten, denn warum würde ihn denn der Oberst so genau und lange und stumm ansehn. Es ist auch kein scharfer prüfender sich einbohrender Blick, wie man ihn vielleicht auf einen Einzelnen richten kann, sondern es ist ein nachlässiger, schweifender, allerdings aber unablässiger Blick, ein Blick, mit dem man etwa die Bewegungen einer Menschenmenge in der Ferne beobachten würde. Und dieser lange Blick ist ununterbrochen begleitet von einem unbestimmten Lächeln, das bald Ironie bald träumendes Erinnern zu sein scheint.

———————

Ein Umschwung. Lauernd, ängstlich, hoffend umschleicht die Antwort die Frage, sucht verzweifelt in ihrem unzugänglichen Gesicht, folgt ihr auf den sinnlosesten (d. h. von der Antwort möglichst wegstrebenden) Wegen

———————

Ein Abend im Herbst, klar und kühl. Irgendjemand, undeutlich in Bewegungen, Kleidung und Umriß, tritt aus dem Haus und will gleich rechts abbiegen. Die Hausmeisterin in einem alten weiten Damenmantel steht an eine Säule des

Tores gelehnt und flüstert ihm etwas zu. Er überlegt einen Augenblick, schüttelt dann aber den Kopf und geht. Beim Überschreiten der Fahrbahn kommt er aus Unachtsamkeit der Elektrischen in den Weg und sie durchfährt ihn. Im Schmerz zieht er sein Gesicht klein zusammen und spannt alle Muskeln so, daß er, nachdem die Elektrische vorüber ist, die Spannung kaum wieder lösen kann. Er steht noch ein Weilchen still und sieht wie bei der nächsten Haltestelle ein Mädchen aussteigt, mit der Hand zurückwinkt, paar Schritte zurückzulaufen beginnt, stockt und wieder in die Elektrische einsteigt. Als er an einer Kirche vorübergeht, steht oben auf der Freitreppe ein Geistlicher, streckt ihm die Hand entgegen und beugt sich soweit vor, daß fast die Gefahr des Nach-vornüber-fallens besteht. Er aber erfaßt die Hand nicht, er ist ein Gegner der Missionäre, auch ärgern ihn die Kinder, die sich auf der Treppe wie auf einem Spielplatz herumtreiben und unanständige Redensarten einander zurufen, die sie natürlich nicht verstehen können und an denen sie nur saugen, da sie nichts Besseres haben – er knöpft seinen Rock hoch zu und geht weiter.

———

Auf der Freitreppe der Kirche treiben sich Kinder herum wie auf einem Spielplatz und rufen einander unanständige Redensarten zu, die sie natürlich nicht verstehen können und an denen sie nur saugen, wie Säuglinge am Lutscher. Der Geistliche kommt heraus, streicht hinten die Kutte glatt und setzt sich auf eine Stufe. Es liegt ihm daran, die Kinder zu beruhigen, denn ihr Geschrei ist auch in der Kirche zu hören. Es gelingt ihm aber nur, hie und da ein Kind an sich zu ziehn, die Menge entweicht ihm immer wieder und spielt weiter unbekümmert um ihn. Den Sinn dieses Spieles kann er nicht erkennen, auch nicht den entferntesten kindlichen Sinn sieht er. Wie Spielbälle die man gegen den Boden schlägt und auffliegen läßt und wieder gegen den Boden schlägt, so hüpfen sie unermüdlich und scheinbar ohne Anstrengung auf allen Stufen und haben keine Verbindung mit einander als jene Zurufe, es ist einschläfernd. Wie aus beginnendem Schlaf greift der Geistliche nach dem nächsten Kind, einem kleinen Mädchen, knöpft ihr vorn oben das Kleidchen ein wenig auf – sie schlägt ihm dafür im Scherz leicht auf die Wange – erblickt dort irgendein Zeichen, das er nicht erwartet oder vielleicht sogar erwartet hat, ruft Ah!, stößt das Kind fort, ruft Pfui und spuckt aus und macht ein großes Kreuz in die Luft und will eilig in die Kirche zurück. Da trifft er in der Tür mit einer zigeunerartigen jungen Frau zusammen, sie ist bloßfüßig, hat einen weißgemusterten roten Rock, eine weiße, hemdartige, vorn nachlässig offene Bluse und wild verschlungene braune Haare. »Wer bist Du?« ruft er, in der Stimme noch die Erregung wegen der Kinder. »Deine Frau Emilie«, sagt sie leise und legt sich langsam an seine Brust. Er schweigt und horcht auf ihren Herzschlag.

Eine junge zigeunerartige Frau macht vor dem Altar aus Federbetten und Decken ein weiches Lager zurecht. Sie ist bloßfüßig, hat einen weißgemusterten roten Rock, eine weiße hemdartige vorn nachlässig offene Bluse und wild verschlungene braune Haare. Auf dem Altar steht ein Waschbecken, Sei

---

Auf dem Tisch lag ein großer Laib Brot. Der Vater kam mit einem Messer und wollte ihn in zwei Hälften schneiden. Aber trotzdem das Messer stark und scharf, das Brot nicht zu weich und nicht zu hart war konnte sich das Messer nicht einschneiden. Wir Kinder blickten verwundert zum Vater auf. Er sagte: »Warum wundert Ihr Euch? Ist es nicht merkwürdiger, daß etwas gelingt als daß es nicht gelingt. Geht schlafen, ich werde es doch vielleicht noch erreichen.« Wir legten uns schlafen, aber hie und da, zu verschiedensten Nachtstunden, erhob sich dieser oder jener von uns im Bett und streckte den Hals um nach dem Vater zu sehn, der noch immer, der große Mann, in seinem langen Rock, das rechte Bein im Ausfall, das Messer in das Brot zu treiben suchte. Als wir früh aufwachten, legte der Vater das Messer eben nieder und sagte: »Seht, es ist mir noch nicht gelungen, so schwer ist das.« Wir wollten uns auszeichnen und selbst es versuchen, er erlaubte es uns auch, aber wir konnten das Messer, dessen Schaft übrigens vom Griff des Vaters fast glühte, kaum heben, es bäumte sich förmlich in unserer Hand. Der Vater lachte und sagte: »Laßt es liegen, jetzt gehe ich in die Stadt, abend werde ich es wieder zu zerschneiden versuchen. Von einem Brot werde ich mich nicht zum Narren halten lassen. Zerschneiden muß es sich schließlich lassen, nur wehren darf es sich, mag es sich also wehren.« Aber als er das sagte, zog sich das Brot zusammen, so wie sich der Mund eines zu allem entschlossenen Menschen zusammenzieht und nun war es ein ganz kleines Brot.

Ich schärfte die Sense und begann zu schneiden. Es fiel viel vor mir nieder, dunkle Massen, ich schritt zwischen ihnen durch, ich wußte nicht was es war. Aus dem Dorf riefen warnende Stimmen, ich hielt es aber für ermutigende Stimmen und ging weiter. Ich kam zu einer kleinen Holzbrücke und nun war die Arbeit zuende und ich übergab die Sense einem Mann, der dort wartete, die eine Hand nach ihr ausstreckte und mit der andern wie einem Kind über meine

Wange strich. In der Mitte der Brücke bekam ich Zweifel, ob ich auf dem richtigen Weg sei und ich rief laut in die Finsternis, aber es antwortete niemand. Da gieng ich wieder zurück auf das feste Land, um den Mann zu fragen, aber er war nicht mehr dort.

———————

Ich teilte das schwarze Wasser, ich schwamm in dem kalt an mich schlagenden Wasser

———————

»Das alles ist ja nutzlos«, sagte er, »nicht einmal mich erkennst Du und ich stehe doch vor Dir Brust an Brust. Wie willst Du weiter kommen, da ich doch vor Dir stehe und Du nicht einmal mich erkennst.«

»Du hast recht«, sagte ich, »so rede ich ja auch zu mir, aber da ich keine Antwort bekomme, bleibe ich.«

»Ebenso ich«, sagte er.

»Und ich nicht weniger als Du«, sagte ich, »und deshalb gilt es auch für Dich, daß alles nutzlos ist.«

———————

Ich hatte mitten in den Sumpfwäldern eine Wache aufgestellt. Nun aber war alles leer, niemand antwortete dem Rufen, die Wache hatte sich verlaufen, ich mußte eine neue Wache aufstellen. Ich sah in das frische, starkknochige Gesicht des Mannes. »Der vorige Posten hat sich verlaufen«, sagte ich, »ich weiß nicht warum, aber es geschieht, daß dieses öde Land den Posten von seinem Platz lockt. Nimm Dich also in Acht!« Er stand aufrecht vor mir, in Paradestellung. Ich fügte noch hinzu: »Solltest Du Dich aber doch verlocken lassen, ist es nur Dein Schaden. Du versinkst im Sumpf, ich aber werde gleich eine neue Wache hier aufstellen und wenn die untreu werden sollte wieder eine andere und so fort ohne Ende. Gewinne ich nicht, so werde ich doch auch nicht verlieren. «

Die Unterlippe hielt er mit den Oberzähnen fest, sah vor sich hin und rührte sich nicht. »Dein Benehmen ist ganz sinnlos. Was ist Dir denn geschehn? Dein Geschäft ist nicht ausgezeichnet, aber doch auch nicht schlecht; selbst wenn es zugrundegienge – aber davon ist keine Rede – wirst Du doch sehr leicht Dich irgendwo anhalten, Du bist jung, gesund, kräftig, kaufmännisch gebildet und tüchtig, hast nur für Dich und Deine Mutter zu sorgen, also ich bitte Dich, Mensch, fasse Dich und erkläre mir, warum Du mich mitten am Tage hergerufen hast und warum Du so dasitzst?« Nun war eine kleine Pause, ich saß auf der Fensterbrüstung, er auf einem Sessel mitten im Zimmer. Schließlich sagte er: »Gut, ich werde Dir alles erklären. Was Du gesagt hast war alles richtig, aber bedenke: seit gestern regnet es unaufhörlich, etwa um fünf Uhr nachmittags – er sah auf die Uhr – hat es gestern zu regnen angefangen und heute um vier Uhr regnet es noch immer. Das kann einem doch wohl zu denken geben. Während es aber sonst nur auf der Gasse regnet und in den Zimmern nicht, scheint es diesmal umgekehrt zu sein. Sieh aus dem Fenster, bitte, es ist unten doch trocken, nicht wahr? Nun also. Hier aber steigt das Wasser unaufhörlich. Mag es, mag es steigen. Es ist schlimm, ich ertrag es doch. Ein wenig guten Willen und man erträgt es, man schwimmt eben mit seinem Sessel etwas höher, die Verhältnisse ändern sich ja nicht sehr, alles schwimmt eben und man schwimmt etwas höher. Aber dieses Schlagen der Regentropfen auf meinem Kopf, das ertrag ich nicht. Es scheint eine Kleinigkeit, aber eben diese Kleinigkeit ertrage ich nicht oder vielleicht würde ich sogar das ertragen, ich ertrage es nur nicht, dagegen wehrlos zu sein. Und ich bin wehrlos, ich setze einen Hut auf, ich spanne den Schirm aus, ich halte ein Brett über den Kopf, nichts hilft, entweder dringt der Regen durch alles durch oder es fängt unter dem Hut, dem Schirm, dem Brett ein neuer Regen mit der gleichen Schlagkraft an.«

Ich stand vor dem Bergingenieur in seiner Kanzlei. Es war eine Bretterbude auf wüstem lehmigen nur flüchtig geebneten Boden. Eine ungeschützte Glühbirne brannte über der Mitte des Schreibtisches. »Sie wollen aufgenommen werden?« sagte der Ingenieur, stützte links die Stirne mit der Hand und hielt in der Rechten die Feder über einem Papier. Es war keine Frage, er sagte es nur vor sich hin, es war ein schwacher junger Mann unter Mittelgröße, er mußte sehr müde sein, die Augen waren wohl von Natur aus so klein und schmal, es sah aber so aus, als reiche seine Kraft nicht aus, sie ganz zu öffnen. »Setzen Sie sich«, sagte er dann. Es war aber nur eine seitlich aufgerissene Kiste da, aus der kleine Maschinenbestandteile herausgerollt waren. Ich setzte mich auf diese Kiste. Er hatte sich nun ganz vom Schreibtisch losgemacht, nur die rechte Hand lag dort noch unverändert, sonst aber hatte er sich in seinem Sessel zurückgelehnt, die linke Hand hatte er in der Hosentasche und sah mich an. »Wer hat Sie hergeschickt?« fragte er. »Ich habe in einer Fachzeitschrift gelesen, daß hier Leute aufgenommen werden«, sagte ich. »So«, sagte er und lächelte, »das also haben Sie gelesen. Sie fangen es aber auf eine sehr grobe Weise an.« »Was bedeutet das?« fragte ich. »Ich verstehe Sie nicht.« »Das bedeutet«, sagte er, »daß hier niemand aufgenommen wird. Und wenn niemand aufgenommen wird, können auch Sie nicht aufgenommen werden.« »Gewiß, gewiß«, sagte ich und stand ärgerlich auf, »um das zu erfahren, hätte ich mich nicht setzen müssen.« Aber dann besann ich mich und fragte: »Könnte ich nicht hier übernachten? Es regnet draußen und das Dorf ist über eine Stunde entfernt.« »Ich habe hier keine Gastzimmer«, sagte der Ingenieur. »Könnte ich nicht hier in der Kanzlei bleiben?« »Hier arbeite ich doch und dort« – er zeigte in einen Winkel – »schlafe ich.« Dort waren allerdings Decken und auch ein wenig Stroh war aufgeschüttet, aber es lagen dort auch sovielerlei kaum kenntliche Dinge, hauptsächlich Werkzeuge, daß ich es bisher nicht für ein Schlaflager gehalten hatte.

Ich kämpfe; niemand weiß es; mancher ahnt es, das ist nicht zu vermeiden; aber niemand weiß es. Ich erfülle meine täglichen Pflichten, ein wenig Zerstreutheit ist an mir auszusetzen, aber nicht viel. Natürlich kämpft jeder, aber ich kämpfe mehr als andere, die meisten kämpfen wie im Schlaf, so wie man im Traum die Hand bewegt, um eine Erscheinung zu vertreiben, ich aber bin vorgetreten und kämpfe unter überlegter sorgfältigster Ausnützung aller meiner Kräfte. Warum bin ich vorgetreten aus der für sich zwar lärmenden, aber in dieser Hinsicht beängstigend stillen Menge? Warum habe ich die Aufmerksamkeit auf mich gelenkt? Warum stehe ich jetzt auf der ersten Liste des Feindes? Ich weiß nicht. Ein anderes Leben schien mir nicht des Lebens wert. Soldatennaturen nennt die Kriegsgeschichte solche Menschen. Und doch ist es nicht so, ich hoffe nicht auf Sieg und mich freut nicht der Kampf als Kampf, mich freut er nur als das einzige was zu tun ist. Als solcher freut er mich allerdings mehr, als ich in Wirklichkeit genießen kann, mehr als ich verschenken kann, vielleicht werde ich nicht am Kampf sondern an dieser Freude zugrundegehn.

Es sind fremde Leute und doch meine eigenen. Freigelassen reden sie, in der Bewußtlosigkeit des Freigelassenen, ein wenig berauscht, keinen Augenblick haben sie Zeit für ein Wiedererkennen. Wie ein Herr mit einem Herrn so reden sie mit einander, jeder setzt bei dem andern Freiheit und selbstständiges Verfügungsrecht voraus. Im Grunde aber haben sie sich nicht verändert, die Meinungen sind die gleichen geblieben, ebenso die Bewegungen, der Blick. Etwas ist allerdings anders, aber ich kann den Unterschied nicht fassen, rede ich von Freigelassen-sein ist es nur ein Erklärungsversuch aus Not. Warum sollten sie sich denn freigelassen fühlen? Alle Kreise und Unterordnungen sind erhalten, die Spannung zwischen jedem einzelnen und allen ist unverletzt, jeder ist auf seinem Platz und für den Kampf, der ihm zugeteilt wird so bereit, daß er sogar von nichts anderem spricht als davon und frage man ihn was man wolle. Worin liegt also der Unterschied, ich umschnuppere sie wie ein Hund und kann den Unterschied nicht finden.

———————

Feldarbeiter fanden als sie abends nachhause giengen unten auf der Straßenböschung einen alten ganz zusammengesunkenen Mann. Er duselte mit halb offenen Augen. Er machte zuerst den Eindruck eines schwer Betrunkenen, er war aber nicht betrunken. Auch krank schien er nicht zu sein, auch nicht von Hunger geschwächt, auch vom Wandern nicht müde, wenigstens schüttelte er zu allen solchen Fragen den Kopf. »Wer bist Du denn?« fragte man ihn schließlich. »Ich bin ein großer General«, sagte er ohne aufzuschauen. »Ach so«, sagte man, »also das ist Dein Leiden.« »Nein«, sagte er, »ich bin es wirklich.« »Natürlich«, sagte man, »wie solltest Du es denn sonst sein.« »Lacht wie ihr es versteht«, sagte er, »ich werde Euch nicht strafen.« »Aber wir lachen doch nicht«, sagte man, »sei was Du willst, sei Obergeneral, wenn Du willst.« »Bin ich auch«, sagte er, »ich bin Obergeneral.« »Nun siehst Du, wie wir das erkannt haben. Aber das kümmert uns nicht, wir wollten Dich nur darauf aufmerksam machen, daß es in der Nacht stark frieren wird und daß Du deshalb von hier fortgehn sollst.« »Ich kann nicht fortgehn und ich wüßte auch nicht wohin ich gehn sollte.«

»Warum kannst du denn nicht gehn?«

»Ich kann nicht gehn, ich weiß nicht warum. Wenn ich gehn könnte, wäre ich ja im gleichen Augenblick wieder General inmitten meines Heeres.«

»Sie haben Dich wohl hinausgeworfen?«

»Einen General? Nein, ich bin hinuntergefallen.«

»Von wo denn?«

»Vom Himmel.«

»Von dort oben?«

»Ja.«

»Dort oben ist Dein Heer?«

»Nein. Aber Ihr fragt zuviel. Geht fort und laßt mich.«

Ich kam durch einen Nebeneingang, ängstlich, ich wußte nicht, wie es sich verhält, ich war klein und schwach, ich sah sorgenvoll an meinem Anzug hinab, es war recht finster, über einen gewissen leeren Umkreis sah man nicht hinaus, der Boden war mit Gras bedeckt, ich bekam Zweifel ob ich am richtigen Ort war. Da sah ich in der Ferne einen matten silbrigen Schein, das gab mir Vertrauen, ich ging in dieser Richtung. Es war ein Tisch, in der Mitte stand eine Kerze, ringsum saßen drei Kartenspieler. »Bin ich hier richtig angekommen?« fragte ich, »ich wollte zu den drei Kartenspielern.« »Das sind wir«, sagte der eine, ohne von den Karten aufzublicken.

Wie der Wald im Mondschein atmet, bald zieht er sich zusammen, ist klein, gedrängt, die Bäume ragen hoch, bald
breitet er sich auseinander, gleitet alle Abhänge hinab, ist
niedriges Buschholz, ist noch weniger, ist dunstiger ferner
Schein.

A »Sei aufrichtig! Wann wirst Du denn wieder einmal wie
heute vertraulich beim Bier sitzen mit jemandem, der Dir
zuhört. Sei aufrichtig! Worin besteht Deine Macht?«
B »Habe ich denn Macht? An was für eine Macht denkst
Du?«
A »Du willst mir ausweichen. Du unaufrichtige Seele. Vielleicht besteht Deine Macht in Deiner Unaufrichtigkeit.«
B »Meine Macht! Weil ich in diesem kleinen Gasthaus sitze
und einen alten Mitschüler gefunden habe, der sich zu mir
setzt, deshalb bin ich wohl mächtig.«
A »Dann werde ich es also anders anfassen. Hältst Du Dich
für mächtig? Aber nun antworte aufrichtig, sonst stehe
ich auf und gehe nachhause. Hältst Du Dich für mächtig?«
B »Ja, ich halte mich für mächtig.«
A »Nun also.«
B »Das ist aber nur meine Sache. Niemand sieht eine Spur
dieser Macht, kein Körnchen, auch ich nicht.«
A »Aber Du hältst Dich für mächtig. Warum also hältst Du
Dich für mächtig?«
»Es ist nicht ganz richtig zu sagen: ich halte mich für
mächtig. Das ist Überhebung. Ich, so wie ich hier alt, verfal-
len und schmutzig sitze, halte mich nicht für mächtig. Die
Macht, an die ich glaube, übe nicht ich aus, sondern andere
und diese andern fügen sich mir. Das kann mich natürlich nur
sehr beschämen und gar nicht stolz machen. Entweder bin

ich ihr Diener, den sie in einer Laune großer Herren zum Herrn über sich gemacht haben, dann wäre es noch gut, dann wäre alles nur Schein oder aber ich bin wirklich zum Herrn über sie bestellt, was soll ich dann tun, ich armer hilfloser Alter; ohne Zittern bringe ich nicht das Glas vom Tisch zum Mund und soll nun die Stürme regieren oder das Weltmeer.«

»Nun siehst Du wie mächtig Du bist und das alles wolltest Du verschweigen. Aber man kennt Dich. Auch wenn Du immer allein in der Ecke sitzst, der ganze Stammtisch kennt Dich.«

»Nun ja, der Stammtisch kennt vieles, ich höre nur kleine Teile seiner Gespräche, aber das was ich höre ist meine einzige Belehrung und Zuversicht.«

»Wie? Danach was Du hier hörst, regierst Du doch nicht etwa?«

»Nein, gewiß nicht. Du gehörst also auch zu denen, welche glauben, daß ich regiere?«

»Du sagtest es doch eben?«

»Ich hätte etwas derartiges gesagt? Nein, ich sagte nur, daß ich mich für mächtig halte, aber ich übe diese Macht nicht aus. Ich kann sie nicht ausüben, denn meine Gehilfen sind zwar schon da, aber noch nicht auf ihren Posten und niemals werden sie dort sein. Flatterhaft sind sie, überall, wo sie nicht hingehören, treiben sie sich herum, von überall her sind ihre Augen auf mich gerichtet, alles billige ich und nicke ihnen zu. Hatte ich also nicht Recht zu sagen, daß ich nicht mächtig bin? Und halte mich nicht mehr für unaufrichtig.«

»Worauf beruht Deine Macht?«

»Du hältst mich für mächtig?«

»Ich halte Dich für sehr mächtig und fast ebenso wie Deine Macht bewundere ich die Zurückhaltung, die Uneigennüt-

zigkeit mit der Du sie ausübst oder vielmehr die Entschluß-
kraft und Überzeugtheit mit der Du diese Macht gegen Dich
selbst ausübst. Nicht nur daß Du Dich zurückhältst, Du
bekämpfst Dich sogar. Nach den Gründen warum Du das
tust frage ich nicht, sie sind Dein eigenstes Eigentum, nur
nach der Herkunft Deiner Macht frage ich. Berechtigt dazu
glaube ich dadurch zu sein, daß ich diese Macht erkannt habe
wie es bisher nicht vielen gelungen ist und daß ich schon ihre
Drohung – mehr ist sie heute infolge Deiner Selbstbeherr-
schung noch nicht – als etwas Unwiderstehliches fühle.«

»Deine Frage kann ich leicht beantworten: meine Macht
beruht auf meinen zwei Frauen.«

»Auf Deinen Frauen?«

»Ja. Du kennst sie doch?«

»Meinst Du die Frauen, die ich gestern in Deiner Küche
gesehn habe?«

»Ja.«

»Die zwei dicken Frauen?«

»Ja.«

»Diese Frauen. Ich habe sie kaum beachtet. Sie sahen,
verzeih, wie zwei Köchinnen aus. Aber nicht ganz rein waren
sie, nachlässig angezogen.«

»Ja, das sind sie.«

»Nun, wenn Du etwas sagst, glaube ich es sofort, nur bist
Du mir jetzt noch unverständlicher, als früher, ehe ich von
den Frauen wußte.«

»Es ist aber kein Rätsel, es liegt offen da, ich werde es Dir
zu erzählen versuchen. Ich lebe also mit diesen Frauen, Du
hast sie in der Küche gesehn, aber sie kochen nur selten, das
Essen wird meistens aus der Restauration gegenüber geholt,
einmal holt es Resi, einmal Alba. Es ist eigentlich niemand
dagegen, daß zuhause gekocht wird, aber es ist zu schwierig,
weil sich die zwei nicht vertragen, d. h. sie vertragen sich

ausgezeichnet, aber nur wenn sie ruhig nebeneinander leben. Sie können z. B. stundenlang ohne zu schlafen friedlich auf dem schmalen Kanapee nebeneinander liegen, was schon wegen ihrer Dicke nichts Geringes ist. Aber bei der Arbeit vertragen sie sich nicht, sofort entsteht Streit und aus dem Streit gleich Prügel. Darum sind wir übereingekommen – sie sind vernünftiger Rede sehr zugänglich – daß möglichst wenig gearbeitet wird. Es entspricht das übrigens auch ihrer Natur. Sie glauben die Wohnung z. B. besonders gut aufgeräumt zu haben und dabei ist sie so schmutzig, daß mich der Schritt über die Türschwelle ekelt, habe ich ihn aber getan, gewöhne ich mich leicht ein.

Mit der Arbeit ist jeder Anlaß zum Streit beseitigt, insbesondere Eifersucht ist ihnen gänzlich unbekannt. Woher käme auch Eifersucht? Ich unterscheide sie ja kaum von einander. Vielleicht sind Alba's Nase und Lippen noch etwas negerhafter als bei Resi, aber manchmal scheint mir wieder das Gegenteil richtig. Vielleicht hat Resi etwas weniger Haare als Alba – eigentlich hat sie schon unerlaubt wenig Haare – aber achte ich denn darauf? Ich bleibe dabei daß ich sie kaum unterscheide.

Auch komme ich ja von der Arbeit erst abends nachhause, bei Tag sehe ich sie längere Zeit nur Sonntags. Ich komme also, da ich mich gern nach der Arbeit möglichst lange allein herumtreibe spät nachhause. Aus Sparsamkeit machen wir abends kein Licht. Ich habe wirklich kein Geld dazu, das Aushalten der Frauen, die eigentlich unaufhörlich zu essen imstande sind, braucht meinen ganzen Lohn auf. Ich läute also abends an der dunklen Wohnung. Ich höre wie die zwei Frauen mit Schnaufen zur Tür kommen. Resi oder Alba sagt: ›Das ist er‹, und beide fangen noch stärker zu schnaufen an. Wäre statt meiner ein Fremder dort, er könnte davor Angst bekommen.

Dann öffnen sie und ich mache gewöhnlich den Spaß, daß ich kaum daß eine Spalte geöffnet ist mich hineinzwänge und beide gleichzeitig um den Hals fasse. ›Du‹, sagt eine, das bedeutet: ›so unglaublich bist Du‹ und beide lachen mit tiefen Gurgellauten. Nun sind sie nur noch mit mir beschäftigt und würde ich nicht eine Hand ihnen entwinden und die Tür schließen, bliebe sie die ganze Nacht offen.

Dann immer der Weg durch das Vorzimmer, dieser paar Schritte lange und Viertelstunden dauernde Weg, auf dem sie mich fast tragen. Ich bin ja wirklich müde nach dem gar nicht leichten Tag und einmal lege ich den Kopf auf Resi's, einmal auf Albas weiche Schulter. Beide sind fast nackt, nur im Hemd, so sind sie auch den größten Teil des Tags, nur wenn ein Besuch angesagt ist, wie letzthin der Deine, ziehn sie paar schmutzige Fetzen an.

Dann kommen wir zu meinem Zimmer und gewöhnlich stoßen sie mich hinein, selbst aber bleiben sie draußen und schließen die Tür. Es ist ein Spiel, denn jetzt kämpfen sie darum, welche zuerst eintreten darf. Es ist nicht etwa Eifersucht, nicht wirklicher Kampf, nur Spiel. Ich höre die leichten lauten Schläge, die sie einander geben, das Schnaufen, das jetzt schon wirkliche Atemnot bedeutet, hie und da paar Worte. Schließlich mache ich selbst die Tür auf und sie stürzen herein, heiß, mit zerrissenen Hemden und dem beißenden Geruch ihres Atems. Dann fallen wir auf den Teppich nieder und nun wird es allmählich still.«

»Nun, warum schweigst Du?«

»Ich vergaß den Zusammenhang. Wie war es? Du fragtest mich nach der Herkunft meiner angeblichen Macht und ich nannte die Frauen. Nun ja, so ist es, aus den Frauen kommt meine Macht.«

»Aus dem bloßen Zusammenleben mit ihnen?«

»Aus dem Zusammenleben.«

»Du bist so schweigsam geworden.«

»Du siehst, meine Macht hat Grenzen. Irgendetwas befiehlt mir zu schweigen. Leb wohl.«

Das Pferd stolperte, fiel auf die Vorderbeine nieder, der Reiter wurde abgeworfen. Zwei Männer, die jeder für sich irgendwo im Baumschatten gelungert hatten kamen hervor und besahen den Abgestürzten. Alles war jedem von ihnen irgendwie verdächtig, das Sonnenlicht, das Pferd, das wieder aufrecht stand, der Reiter, der Mann gegenüber, der plötzlich gelockt durch den Unfall hervorgekommen war. Sie näherten sich langsam, hatten die Lippen mürrisch aufgeworfen und mit der Hand, die sie in das vorn offene Hemd geschoben hatten fuhren sie unschlüssig an Brust und Hals umher.

Es ist eine Stadt unter den Städten, ihre Vergangenheit war größer als ihre Gegenwart, aber auch diese ist noch ansehnlich genug.

Der Bürgermeister hatte einige Schriftstücke unterschrieben, dann lehnte er sich zurück, nahm spielend eine Schere in die Hand, horchte auf das Mittagsläuten draußen auf dem alten Platz und sagte zu dem Sekretär, der steif vor Ehrerbietung, fast hochmütig vor Ehrerbietung neben dem Schreibtisch stand: »Haben Sie auch bemerkt, daß sich etwas Besonderes in der Stadt vorbereitet? Sie sind jung, Sie müssen doch den Blick dafür haben.«

Ein junger Mann namens Luisenmoor hatte sein kleines Erbteil in verschiedenen binnen kürzester Zeit mißlungenen Unternehmungen verloren, doch hatte ihn das nicht mutlos gemacht.

———

In einer Neumondnacht gieng ich aus einem Nachbardorf nachhause, es war ein kurzer Weg auf gerader völlig dem Monde ausgesetzter Landstraße, man sah jede Kleinigkeit auf dem Boden, genauer als bei Tag. Ich war nicht mehr weit von der kleinen Pappelallee an deren Ende dann schon unsere Dorfbrücke sich anschließt, da sah ich paar Schritte vor mir – ich mußte geträumt haben, daß ich es nicht früher gesehn hatte, – einen kleinen Verschlag aus Holz und Tuch, ein kleines aber sehr niedriges Zelt, Menschen hätten darin nicht aufrecht sitzen können. Es war völlig abgeschlossen, auch als ich es ganz nahe umgieng und betastete fand ich keine Lücke. Man sieht auf dem Land mancherlei und lernt daraus auch Fremdes leicht zu beurteilen, aber wie dieses Zelt hierhergekommen war und was es sollte, konnte ich nicht verstehn.

In Zirkus wird heute eine große Pantomime, eine Wasserpantomime gespielt, die ganze Manege wird unter Wasser gesetzt werden, Poseidon wird mit seinem Gefolge durch das Wasser jagen, das Schiff des Odysseus wird erscheinen und die Sirenen werden singen, dann wird Venus nackt aus den Fluten steigen womit der Übergang zur Darstellung des Lebens in einem modernen Familienbad gegeben sein wird. Der Direktor, ein weißhaariger alter Herr, aber noch immer der straffe Zirkusreiter, verspricht sich vom Erfolg dieser Pantomime sehr viel. Ein Erfolg ist auch höchst notwendig, das letzte Jahr war sehr schlecht, einige verfehlte Reisen

haben große Verluste gebracht. Nun ist man hier im Städtchen

———————

Poseidon saß an seinem Arbeitstisch und rechnete. Die Verwaltung aller Gewässer gab ihm unendliche Arbeit. Er hätte
Hilfskräfte haben können wie viel er wollte und er hatte auch
sehr viele, aber da er sein Amt sehr ernst nahm, rechnete er
alles noch einmal durch und so halfen ihm die Hilfskräfte
wenig. Man kann nicht sagen daß ihn die Arbeit freute, er
führte sie eigentlich nur aus weil sie ihm auferlegt war, ja er
hatte sich schon oft um fröhlichere Arbeit, wie er sich aus-
drückte beworben, aber immer wenn man ihm dann verschiedene Vorschläge machte, zeigte es sich, daß ihm doch
nichts so zusagte, wie sein bisheriges Amt. Es war auch sehr
schwer, etwas anderes für ihn zu finden. Man konnte ihm
doch unmöglich etwa ein bestimmtes Meer zuweisen, abgesehen davon daß auch hier die rechnerische Arbeit nicht
kleiner sondern nur kleinlicher war, konnte der große Poseidon doch immer nur eine beherrschende Stellung bekommen.
Und bot man ihm eine Stellung außerhalb des Wassers an,
wurde ihm schon von der Vorstellung übel, sein göttlicher
Atem geriet in Unordnung, sein eherner Brustkorb
schwankte. Übrigens nahm man seine Beschwerden nicht
eigentlich ernst; wenn ein Mächtiger quält, muß man ihm
auch in der aussichtslosesten Angelegenheit scheinbar nach-
zugeben versuchen; an eine wirkliche Enthebung Poseidons
von seinem Amt dachte niemand, seit Urbeginn war er zum
Gott der Meere bestimmt worden und dabei mußte es bleiben.
  Am meisten ärgerte er sich – und dies verursachte hauptsächlich seine Unzufriedenheit mit dem Amt – wenn er von
den Vorstellungen hörte, die man sich von ihm machte, wie
er etwa immerfort mit dem Dreizack durch die Fluten kut-

schiere. Unterdessen saß er hier in der Tiefe des Weltmeeres und rechnete ununterbrochen, hie und da eine Reise zu Jupiter war die einzige Unterbrechung der Eintönigkeit, eine Reise übrigens, von der er meistens wütend zurückkehrte. So hatte er die Meere kaum gesehn, nur flüchtig beim eiligen Aufstieg zum Olymp, und niemals wirklich durchfahren. Er pflegte zu sagen, er warte damit bis zum Weltuntergang, dann werde sich wohl noch ein stiller Augenblick ergeben, wo er knapp vor dem Ende nach Durchsicht der letzten Rechnung noch schnell eine kleine Rundfahrt werde machen können.

Es kamen einige Leute zu mir und baten mich eine Stadt für sie zu bauen. Ich sagte, sie wären viel zu wenige, sie hätten Raum in einem Haus, für sie würde ich keine Stadt bauen. Sie aber sagten, es würden noch andere nachkommen und es seien doch Eheleute unter ihnen, die Kinder zu erwarten hätten, auch müßte die Stadt nicht auf einmal gebaut, sondern nur im Umriß festgelegt und nach und nach ausgeführt werden. Ich fragte, wo sie die Stadt aufgebaut haben wollten, sie sagten, sie würden mir den Ort gleich zeigen. Wir giengen den Fluß entlang, bis wir zu einer genug hohen, zum Fluß hin steilen, sonst aber sanft sich abflachenden und sehr breiten Erhebung kamen. Sie sagten, dort oben wollten sie die Stadt gebaut haben. Es war dort nur schütterer Graswuchs, keine Bäume, das gefiel mir, der Abfall zum Fluß schien mir aber zu steil und ich machte sie darauf aufmerksam. Sie aber sagten, das sei kein Schaden, die Stadt werde sich ja auf den andern Abhängen ausdehnen und genug andere Zugänge zum Wasser haben, auch würden sich vielleicht im Laufe der Zeiten Mittel finden, den steilen Abhang irgendwie zu überwinden, jedenfalls solle das kein Hindernis für die Gründung der Stadt an diesem Orte sein. Auch seien sie jung und stark und könnten mit Leichtigkeit den Abhang erklettern, was sie mir gleich zeigen wollten. Sie taten es; wie Eidechsen schwangen sich ihre Körper zwischen den Rissen des Felsens hinauf, bald waren sie oben. Ich ging auch hinauf und fragte sie, warum sie gerade hier die Stadt gebaut haben wollten. Zur Verteidigung schien ja der Ort nicht besonders geeignet, von der Natur geschützt war er nur gegenüber dem Fluß und gerade hier war ja der Schutz am wenigsten notwendig, eher wäre hier freie und leichte Ausfahrtmöglichkeit zu wünschen gewesen; von allen andern Seiten her war aber die Hochebene ohne Mühe zugänglich, deshalb also und auch wegen ihrer großen Ausdehnung schwer zu verteidigen. Außerdem war der Boden dort oben auf seine Ertragfähigkeit hin noch nicht untersucht und vom Unterland abhängig bleiben und auf Fuhrwerkverkehr angewiesen sein, war für eine Stadt immer gefährlich, gar in unruhigen Zeiten. Auch ob genügendes Trinkwasser oben zu finden war, war noch nicht festgestellt, die kleine Quelle die man mir zeigte, schien nicht zuverlässig.

»Du bist müde«, sagte einer von ihnen, »Du willst die Stadt nicht bauen.« »Müde bin ich«, sagte ich und setzte mich auf einen Stein neben die Quelle. Sie tauchten ein Tuch in das Wasser und erfrischten damit mein Gesicht, ich dankte ihnen. Dann sagte ich, daß ich einmal allein die Hochebene umgehen wolle und verließ sie; der Weg dauerte lang; als ich zurückkam, war es schon dunkel; alle lagen um die Quelle und schliefen; ein leichter Regen fiel.

Ich beschloß fortzugehn und kletterte den Abhang zum Fluß hinab. Aber einer von ihnen war erwacht und hatte die andern geweckt und nun standen sie oben am Rand und ich war erst in der Mitte und sie baten und riefen mich. Da keh%te ich zurück, sie halfen mir und zogen mich hinauf. Ich versprach ihnen jetzt, die Stadt zu bauen. Sie waren sehr dankbar, hielten Reden a× mich, küßten mich,

Ein Bauer fing mich auf der Landstraße ab und bat mich mit ihm nachhause zu kommen, vielleicht könne ich ihm helfen, er habe Streit mit seiner Frau, der verbittere ihm das Leben. Auch ungeratene einfältige Kinder habe er, die stünden nur nutzlos herum oder machten Unfug. Ich sagte, ich ginge gern mit ihm, aber es sei doch sehr unsicher, ob ich, ein Fremder, ihm werde helfen können, die Kinder werde ich vielleicht zu etwas anleiten können, aber der Frau gegenüber werde ich wahrscheinlich machtlos sein, denn Streitsucht der Frau hat ihren Grund gewöhnlich im Wesen des Mannes und da er den Streit nicht wolle, habe er sich wohl schon ange-strengt sich zu ändern, aber es sei ihm nicht gelungen, wie könne es dann mir gelingen. Höchstens auf mich ableiten könnte ich die Streitsucht der Frau. So sprach ich mehr zu mir als zu ihm, aber offen fragte ich ihn dann, was er mir für meine Mühe zahlen werde. Er sagte, darüber würden wir leicht einig werden; wenn ich etwas nützen werde, könne ich mir forttragen was ich wolle. Darauf blieb ich stehn und sagte, solche allgemeine Versprechungen könnten mir nicht genügen, es müsse genau vereinbart werden, was er mir monatlich geben werde. Er staunte darüber, daß ich Monats-lohn verlangte. Ich staunte über sein Staunen. Ja, glaubte er denn daß ich in zwei Stunden gutmachen könne, was zwei Menschen ihr Leben lang verschuldet haben, und glaube er daß ich nach zwei Stunden ein Säckchen Erbsen als Lohn nehmen, dankbar ihm die Hand küssen, mich in meine Fet-zen einwickeln und auf der eisigen Landstraße weiterwan-dern werde. Nein. Der Bauer hörte stumm, mit gesenktem Kopf, aber gespannt zu. Vielmehr, so sagte ich, werde ich lange Zeit bei ihm bleiben müssen, um erst alles kennen zu lernen und förmlich die Handgriffe für eine Besserung der Dinge zu suchen, dann werde ich weiterhin noch länger bleiben müssen, um wirklich Ordnung zu schaffen, soweit es möglich sei, und dann werde ich alt und müde sein und überhaupt nicht mehr fortgehn, sondern mich ausruhn und ihrer allen Dank genießen.

»Das wird nicht möglich sein«, sagte der Bauer, »da willst Du Dich wohl in meinem Haus festsetzen und am Ende noch mich vertreiben. Da hätte ich dann zu meinen Lasten noch die größte.« »Ohne Vertrauen zu einander werden wir allerdings nicht einig werden«, sagte ich, »habe ich denn nicht auch Vertrauen zu Dir? Ich will ja nichts anderes als Dein Wort und das könntest Du ja auch wohl brechen. Nachdem ich alles nach Deinen Wünschen eingerichtet habe, könntest Du mich ja trotz aller Versprechungen fortschicken.« Der Bauer sah mich an und sagte: »Du würdest Dich nicht fortschicken lassen.« »Tue wie Du willst«, sagte ich, »denke von mir was Du willst, vergiß aber nicht – ich sage Dir das nur freundschaftlich von Mann zu Mann – daß Du auch wenn Du mich nicht mitnimmst, es zuhause nicht lange ertragen wirst. Wie willst Du mit dieser Frau und diesen Kindern weiter leben? Wagst Du es nicht mich in Dein Haus zu nehmen, dann verzichte doch lieber gleich auf Dein Haus und die Plage die es Dir noch bringen würde, komm mit mir, wir wandern zusammen, ich werde Dir Dein Mißtrauen nicht nachtragen.« »Ich bin kein freier Mann«, sagte der Bauer, »ich lebe mit meiner Frau jetzt über fünfzehn Jahre beisammen, es war schwer, ich verstehe gar nicht wie es möglich war, aber trotzdem kann ich nicht von ihr fortgehn, ohne alles versucht zu haben, was sie erträglich machen könnte. Da sah ich Dich auf der Landstraße und da dachte ich, jetzt könnte ich mit Dir den letzten großen Versuch machen. Komm mit, ich gebe Dir, was Du willst. Was willst Du?« »Ich will ja nicht viel«, sagte ich, »ich will ja nicht Deine Notlage ausnützen. Du sollst mich nur als Knecht für alle Zeiten aufnehmen, ich verstehe alle Arbeit und werde Dir viel nützen. Ich will aber kein Knecht sein wie andere Knechte, Du darfst mir nicht befehlen, ich muß nach meinem eigenen Willen arbeiten dürfen, einmal dies, einmal jenes und dann wieder nichts, so wie es mir beliebt. Bitten um eine Arbeit darfst Du mich, aber nicht zudringlich, merkst Du, daß ich diese Arbeit nicht tun will, mußt Du es still hinnehmen. Geld brauche ich keines, aber die Kleider, Wäsche und Stiefel müssen genau so wie ich sie jetzt habe, wenn es nötig wird, erneuert werden; bekommst Du diese Dinge im Dorfe nicht, mußt Du in die Stadt fahren, sie holen. Aber davor fürchte Dich nicht, das, was ich anhabe, hält noch jahrelang aus. Das übliche Essen der Knechte genügt mir, nur muß ich jeden Tag Fleisch haben.« »Jeden Tag?« warf er schnell ein, als sei er mit allen andern Bedingungen einverstanden. »Jeden Tag«, sagte ich. »Du hast auch ein besonderes Gebiß«, sagte er und versuchte so meinen sonderbaren Wunsch zu entschuldigen, er griff sogar in meinen Mund, um die Zähne zu befühlen. »So scharf«, sagte er, »fast wie Hundezähne.« »Kurz, jeden Tag will ich Fleisch haben«, sagte ich. »Bier und Schnaps will ich soviel haben, wie Du hast.« »Das ist aber viel«, sagte er, »ich muß viel trinken.« »Desto besser«, sagte ich, »Du kannst Dich aber einschränken, dann werde auch ich mich ein-schränken. Vielleicht trinkst Du übrigens nur wegen Deines häuslichen Unglücks so viel.« »Nein«, sagte er, »wie soll denn das zusammenhängen? Aber Du sollst soviel bekom-men, wie ich; wir werden zusammentrinken.« »Nein«, sagte ich, »ich werde mit niemandem zusammen essen und trin-ken. Ich werde immer nur allein essen und trinken.« »Al-lein?« fragte der Bauer erstaunt, »mir dreht sich schon der Kopf von Deinen Wünschen.« »Es ist nicht so viel«, sagte ich, »es ist auch schon fast zuende. Nur Öl will ich noch haben für ein Lämpchen, das die ganze Nacht neben mir brennen soll. Ich habe das Lämpchen im Sack, ein ganz kleines Lämpchen, es braucht sehr wenig Öl. Es ist gar nicht der Rede wert, ich nenne es nur der Vollständigkeit halber, damit nachträglich keine Streitigkeiten entstehn; die kann ich nämlich bei der Entlohnung nicht leiden. Verweigert man mir das Vereinbarte werde ich, sonst der gutmütigste Mensch, schrecklich, das merke Dir. Gibt man mir nicht, was mir gebührt und sei es eine Kleinigkeit, bin ich fähig, Dir das Haus über dem Kopf anzuzünden, während Du schläfst. Aber Du mußt mir ja das klar Vereinbarte nicht verweigern, dann bin ich, gar wenn Du noch hie und da ein kleines Geschenkchen aus Liebe hinzufügst, mag es auch ganz wertlos sein, treu und ausdauernd und sehr nützlich in allen Dingen. Und mehr als ich gesagt habe verlange ich nicht, nur noch am 24. August, meinem Namenstag, ein Fäßchen mit fünf Liter Rum.« »Fünf Liter!« rief der Bauer und schlug die Hände zusammen. »Nun, fünf Liter«, sagte ich, »das ist ja nicht soviel. Du willst mich wohl drücken. Ich aber habe meine Bedürfnisse schon selbst so eingeschränkt, aus Rücksicht auf Dich nämlich, daß ich mich schämen müßte wenn ein Dritter zuhörte. Unmöglich könnte ich vor einem Dritten so mit Dir sprechen. Es darf auch niemand davon erfahren. Nun, es würde es auch niemand glauben.« Aber der Bauer sagte: »Geh doch lieber weiter. Ich werde allein nachhause gehn und selbst die Frau zu versöhnen suchen. Ich habe sie in der letzten Zeit viel geprügelt, ich werde jetzt ein wenig nachlassen, sie wird mir vielleicht dankbar sein, auch die Kinder habe ich viel geprügelt, ich hole immer die Peitsche aus dem Stall und prügle sie, ich werde damit ein wenig aufhören, vielleicht wird es besser werden. Allerdings habe ich schon oft aufgehört ohne daß es besser geworden wäre. Aber das was Du verlangst, könnte ich nicht leisten und wenn ich es vielleicht leisten könnte, aber nein, die Wirtschaft wird es nicht ertragen, nein, unmöglich, täglich Fleisch! fünf Liter Rum!, aber selbst wenn es möglich wäre, meine Frau würde es nicht erlauben und wenn sie es nicht erlaubt, kann ich es nicht tun.« »Warum dann die langen Verhandlungen«, sagte ich

Ich saß in der Loge, neben mir meine Frau. Es wurde ein aufregendes Stück gespielt, es handelte von Eifersucht, gerade hob in einem strahlenden von Säulen umgebenen Saal ein Mann den Dolch gegen seine langsam zum Ausgang hin strebende Frau. Gespannt beugte man sich über die Brüstung, ich fühlte an meiner Schläfe das Lockenhaar meiner Frau. Da zuckten wir zurück, etwas bewegte sich auf der Brüstung; was wir für die Samtpolsterung der Brüstung gehalten hatten, war der Rücken eines langen dünnen Mannes, der, genau so schmal wie die Brüstung, bis jetzt bäuchlings da gelegen war und sich jetzt langsam wendete, als suche er eine bequemere Lage. Meine Frau hielt sich zitternd an mich. Ganz nah vor mir war sein Gesicht, schmäler als meine Hand, peinlich rein wie eine Wachsfigur, mit schwarzem Spitzbart. »Warum erschrecken Sie uns?« rief ich, »was treiben Sie hier?« »Entschuldigung!« sagte der Mann, »ich bin ein Verehrer Ihrer Frau; ihre Elbogen auf meinem Körper fühlen macht mich glücklich.« »Emil, ich bitte Dich, schütze mich«, rief meine Frau. »Auch ich heiße Emil«, sagte der Mann, stützte den Kopf auf eine Hand und lag da wie auf einem Ruhebett. »Komm zu mir, süßes Frauchen.« »Sie Lump«, sagte ich, »noch ein Wort und Sie liegen unten im Parterre«, und als sei ich sicher daß dieses Wort noch kommen werde, wollte ich ihn schon hinunterstoßen, aber das war nicht so einfach, er schien doch fest zur Brüstung zu gehören, er war wie eingebaut, ich wollte ihn wegwälzen, aber es gelang nicht, er lachte nur und sagte: »Laß das, Du kleiner Dummer, entkräfte Dich nicht vorzeitig, der Kampf beginnt erst und wird allerdings damit enden, daß Deine Frau meine Sehnsucht erfüllt.« »Niemals!« rief meine Frau und dann zu mir gewendet: »also bitte stoß ihn doch schon hinunter.« »Ich kann es nicht«, rief ich, »Du siehst doch wie ich mich anstrenge, aber es ist hier irgendein Betrug und es geht nicht.« »Oh weh, oh weh«, klagte meine Frau, »was wird aus mir werden.« »Sei ruhig«, sagte ich, »ich bitte Dich, durch Deine Aufregung machst Du es nur ärger, ich habe jetzt einen neuen Plan, ich werde mit meinem Messer hier den Samt aufschneiden und dann das Ganze mit dem Kerl hinunter ausschütten.« Aber nun konnte ich mein Messer nicht finden. »Weißt Du nicht wo ich mein Messer habe«, fragte ich. »Sollte ich es im Mantel gelassen haben?« Fast wollte ich in die Garderobe laufen, da brachte mich meine Frau zur Besinnung. »Jetzt willst Du mich allein lassen, Emil«, rief sie. »Aber wenn ich kein Messer habe«, rief ich zurück. »Nimm meines«, sagte sie und suchte mit zitternden Fingern in ihrem Täschchen, aber dann brachte sie natürlich nur ein winziges Perlmuttermesserchen hervor.

———

Eine heikle Aufgabe, ein Auf-den-Fußspitzen-gehn über einen brüchigen Balken der als Brücke dient, nichts unter den Füßen haben, mit den Füßen erst den Boden zusammenscharren auf dem man gehn wird, auf nichts gehn als auf seinem Spiegelbild das man unter sich im Wasser sieht, mit den Füßen die Welt zusammenhalten, die Hände nur oben in der Luft verkrampfen um diese Mühe bestehn zu können.

———

Auf der Freitreppe des Tempels kniet ein Priester und verwandelt alle Bitten und Klagen der Gläubigen die zu ihm kommen in Gebete, oder vielmehr er verwandelt nichts sondern wiederholt nur das ihm Gesagte laut und vielmals. Es kommt z. B. ein Kaufmann und klagt, daß er heute einen großen Verlust gehabt hat und daß infolgedessen sein Geschäft zugrundegeht. Darauf der Priester – er kniet auf einer Stufe, hat auf eine höhere Stufe die Hände flach hingelegt und schaukelt beim Beten auf und ab –: A. hat heute einen großen Verlust gehabt, sein Geschäft geht zugrunde. A. hat heute einen großen Verlust gehabt, sein Geschäft geht zugrunde u. s. f.

Wir sind fünf Freunde, wir sind einmal hintereinander aus einem Haus gekommen, zuerst kam der eine und stellte sich neben das Tor, dann kam oder vielmehr glitt so leicht wie ein Quecksilberkügelchen gleitet der zweite aus dem Tor und stellt sich unweit vom ersten auf, dann der dritte, dann der vierte, dann der fünfte. Schließlich standen wir alle in einer Reihe. Die Leute wurden auf uns aufmerksam, zeigten auf uns und sagten: Die fünf sind jetzt aus diesem Haus gekommen. Seitdem leben wir zusammen, es wäre ein friedliches Leben wenn sich nicht immerfort ein sechster einmischen würde. Er tut uns nichts, aber es ist uns lästig, das ist genug getan; warum drängt er sich ein, wo man ihn nicht haben will. Wir kennen ihn nicht und wollen ihn nicht bei uns aufnehmen. Wir fünf haben zwar früher einander auch nicht gekannt und wenn man will, kennen wir einander auch jetzt nicht, aber was bei uns fünf möglich ist und geduldet wird ist bei jenem sechsten nicht möglich und wird nicht geduldet. Außerdem sind wir fünf und wir wollen nicht sechs sein. Und was soll überhaupt dieses fortwährende Beisammensein für einen Sinn haben, auch bei uns fünf hat es keinen Sinn, aber nun sind wir schon beisammen und bleiben es, aber eine neue Vereinigung wollen wir nicht, eben auf Grund unserer Erfahrungen. Wie soll man aber das alles dem sechsten beibringen, lange Erklärungen würden schon fast eine Aufnahme in unsern Kreis bedeuten, wir erklären lieber nichts und nehmen ihn nicht auf. Mag er noch so sehr die Lippen aufwerfen, wir stoßen ihn mit dem Elbogen weg, aber mögen wir ihn noch so sehr wegstoßen, er kommt wieder.

———————

So wie man manchmal ohne erst auf den bewölkten Himmel zu schauen schon aus der Färbung der Landschaft fühlen kann, daß zwar das Sonnenlicht noch nicht hervorgebrochen ist, daß aber förmlich das Trübe sich loslöst und zum Wegziehn bereit macht, daß also nur aus diesem Grunde und ohne weitere Beweise gleich überall die Sonne scheinen wird, ———————

Ich ruderte stehend das Boot in den kleinen Hafen, er war fast leer, in einer Ecke waren zwei Segelbarken, sonst nur kleine Boote hie und da. Ich fand leicht einen Platz für mein Boot und stieg aus. Ein kleiner Hafen war es nur, aber mit festen Quaimauern und gut in Stand gehalten.

Es glitten die Boote vorüber. Ich rief eines. Ein alter großer weißbärtiger Mann war der Bootsführer. Ich zögerte ein wenig auf der Landungsstufe. Er lächelte, ihn anschauend stieg ich ein. Er zeigte auf das äußerste Ende des Bootes, dort setzte ich mich. Gleich aber sprang ich auf und sagte: »Große Fledermäuse habt ihr hier«, denn große Flügel waren mir um den Kopf gerauscht. »Sei ruhig«, sagte er schon mit der Bootsstange beschäftigt und wir stießen vom Lande, daß ich auf mein Bänkchen fast hinschlug. Statt dem Führer zu sagen, wohin ich fahren wolle, fragte ich nur, ob er es wisse; nach seinem Kopfnicken zu schließen wußte er es. Das war mir eine ungemeine Erleichterung, ich streckte die Beine aus und lehnte den Kopf zurück, aber immer behielt ich den Führer im Auge und sagte mir: »Er weiß, wohin Du fährst; hinter dieser Stirn weiß er es. Und seine Ruderstange stößt er nur deshalb ins Meer um Dich dorthin zu bringen. Und zufällig riefst Du gerade ihn aus der Menge und zögertest noch einzusteigen.« Ich schloß ein wenig die Augen vor lauter Zufriedenheit, wollte den Mann aber wenigstens hören, wenn ich ihn nicht sah, und fragte: »In Deinem Alter solltest Du wohl nicht mehr arbeiten. Hast Du denn keine Kinder?« »Nur Dich«, sagte er, »Du bist mein einziges Kind. Nur für Dich mache ich noch diese Fahrt, dann verkaufe ich das Boot, dann höre ich zu arbeiten auf.« »Ihr nennt hier die Passagiere Kinder«, fragte ich. »Ja«, sagte er, »das ist hier Sitte. Und die Passagiere sagen uns Vater.« »Das ist merkwürdig«, sagte ich, »und wo ist die Mutter?« »Dort«, sagte er, »im Verschlag.« Ich richtete mich auf und sah, wie aus dem rundbogigen kleinen Fenster des Verschlags, der in der Mitte des Bootes aufgebaut war, eine Hand grüßend sich ausstreckte und das starke Gesicht einer Frau, von einem schwarzen Spitzentuch eingerahmt, dort erschien. »Mutter?« fragte ich lächelnd. »Wenn Du willst –", sagte sie. »Du bist aber viel jünger als der Vater?« sagte ich. »Ja«, sagte sie, »viel jünger, er könnte mein Großvater sein und Du mein Mann.« »Weißt Du«, sagte ich, »es ist so erstaunlich, wenn man allein in der Nacht im Boot fährt und plötzlich ist eine Frau da.

Wir liefen auf glattem Boden, manchmal stolperte einer und fiel hin, manchmal wäre einer seitlich fast abgestürzt, dann mußte immer der andere helfen, aber sehr vorsichtig, denn auch er stand ja nicht fest. Endlich kamen wir zu einem Hügel den man das Knie nennt, aber trotzdem er gar nicht hoch ist, konnten wir ihn nicht überklettern, immer wieder glitten wir ab, wir waren verzweifelt, nun mußten wir ihn also umgehn, da wir ihn nicht überklettern konnten, das war vielleicht ebenso unmöglich, aber viel gefährlicher, denn hier bedeutete ein Mißlingen des Versuches gleich Absturz und Ende. Wir beschlossen, um einander nicht zu stören, daß jeder es auf einer andern Seite versuchen sollte. Ich warf mich hin und schob mich langsam an den Rand, ich sah daß hier keine Spur eines Weges, keine Möglichkeit sich irgendwo festzuhalten war, ohne Übergang fiel alles ab in die Tiefe. Ich war überzeugt daß ich nicht hinüberkommen werde, war es nicht drüben auf der andern Seite ein wenig besser, was aber eben eigentlich nur der Versuch zeigen konnte, dann war es offenbar mit uns beiden zuende. Aber wagen mußten wir es, denn hier bleiben konnten wir nicht und hinter uns ragten abweisend und unzugänglich die fünf Spitzen die man Zehen nennt. Ich überblickte nochmals die Lage im Einzelnen, die an sich gar nicht lange, aber eben unmöglich zu überwindende Strecke und schloß dann die Augen, offene Augen hätten mir hier nur schaden können, fest entschlossen, sie nicht mehr zu öffnen, es wäre denn, daß das Unglaubliche geschähe und ich doch drüben ankäme. Und nun ließ ich mich langsam seitlich sinken, fast wie im Schlaf, hielt dann an und begann vorzurücken. Die Arme hatte ich rechts und links weit ausgestreckt, dieses Bedecken und gleichsam Umfassen möglichst viel Bodens rings um mich schien mir ein wenig Gleichgewicht oder richtiger, ein wenig Trost zu geben. Aber tatsächlich merkte ich zu meinem Erstaunen, daß dieser Boden mir irgendwie förmlich behilflich war. Er war glatt und ohne jeden Halt, aber es war kein kalter Boden, irgendeine Wärme strömte aus ihm zu mir, aus mir zu ihm hinüber, es gab eine Verbindung, die nicht durch Hände und Füße herzustellen war, aber bestand und festhielt.

Anfangs war beim babylonischen Turmbau alles in leidlicher Ordnung, ja die Ordnung war vielleicht zu groß, man dachte zu sehr an Wegweiser, Dolmetscher, Arbeiterunterkünfte und Verbindungswege, so als habe man Jahrhunderte freier Arbeitsmöglichkeit vor sich. Die damals herrschende Meinung ging sogar dahin, man könne gar nicht langsam genug bauen; man mußte diese Meinung gar nicht sehr übertreiben und konnte überhaupt davor zurückschrecken, die Fundamente zu legen. Man argumentierte nämlich so: Das Wesentliche des ganzen Unternehmens ist der Gedanke, einen bis in den Himmel reichenden Turm zu bauen. Neben diesem Gedanken ist alles andere nebensächlich. Der Gedanke, einmal in seiner Größe gefaßt, kann nicht mehr verschwinden; solange es Menschen gibt, wird auch der starke Wunsch da sein, den Turm zu Ende zu bauen. In dieser Hinsicht also muß man wegen der Zukunft keine Sorgen haben, im Gegenteil, das Wissen der Menschheit steigert sich, die Baukunst hat Fortschritte gemacht und wird weitere Fortschritte machen, eine Arbeit, zu der wir ein Jahr brauchen, wird in hundert Jahren vielleicht in einem halben Jahr geleistet werden und überdies besser, haltbarer. Warum also schon heute sich an die Grenze der Kräfte abmühn? Das hätte nur dann Sinn, wenn man hoffen könnte, den Turm in der Zeit einer Generation aufzubauen. Das aber war auf keine Weise zu erwarten. Eher ließ sich denken, daß die nächste Generation mit ihrem vervollkommneten Wissen die Arbeit der vorigen Generation schlecht finden und das Gebaute niederreißen werde, um von neuem anzufangen. Solche Gedanken lähmten die Kräfte und mehr als um den Turmbau kümmerte man sich um den Bau der Arbeiterstadt. Jede Landsmannschaft wollte das schönste Quartier haben, dadurch ergaben sich Streitigkeiten, die sich bis zu blutigen Kämpfen steigerten. Diese Kämpfe hörten nicht mehr auf; den Führern waren sie ein neues Argument dafür, daß der Turm auch mangels der nötigen Konzentration sehr langsam oder lieber erst nach allgemeinem Friedensschluß gebaut werden sollte. Doch verbrachte man die Zeit nicht nur mit Kämpfen, in den Pausen verschönerte man die Stadt, wodurch man allerdings neuen Neid und neue Kämpfe hervorrief. So verging die Zeit der ersten Generation, aber keine der folgenden war anders, nur die Kunstfertigkeit steigerte sich immerfort und damit die Kampfsucht.[1]

15. Sept. 20

Es fängt damit an, daß Du in Deinen Mund zu seiner Überraschung statt des Essens ein Bündel von soviel Dolchen stopfen wolltest, als er nur faßt.

———————

Unter jeder Absicht liegt geduckt die Krankheit wie unter dem Baumblatt. Beugst Du Dich, um sie zu sehn und fühlt sie sich entdeckt, springt sie auf, die magere stumme Bosheit, und statt zerdrückt, will sie von Dir befruchtet werden.

———————

Es ist ein Mandat. Ich kann meiner Natur nach nur ein Mandat übernehmen, das niemand mir gegeben hat. In die-

[1] *Fortsetzung siehe S. 147.*

sem Widerspruch, immer nur in einem Widerspruch kann ich leben. Aber wohl jeder, denn lebend stirbt man, sterbend lebt man. So wie z. B. der Cirkus von einer Leinwand umspannt ist, also niemand, der nicht innerhalb dieser Leinwand ist, etwas sehen kann. Nun findet aber jemand ein kleines Loch in der Leinwand und kann doch von außen zusehn. Allerdings muß er dort geduldet werden. Wir alle werden einen Augenblick lang so geduldet. Allerdings – zweites allerdings – meist sieht man durch ein solches Loch nur den Rücken der Stehplatzbesucher. Allerdings – drittes allerdings – die Musik hört man jedenfalls, auch das Brüllen der Tiere. Bis man endlich ohnmächtig vor Schrecken in die Arme des Polizisten zurückfällt, der von Berufs wegen den Cirkus umgeht und nur leise mit der Hand Dir auf die Schulter geklopft hat, um Dich auf das Ungehörige eines solchen gespannten Zusehns, für das Du nichts gezahlt hast aufmerksam zu machen.

Die Kräfte des Menschen sind nicht als ein Orchester gedacht. Hier müssen vielmehr alle Instrumente spielen, immerfort, mit aller Kraft. Es ist ja nicht für menschliche Ohren bestimmt und die Länge eines Koncertabends, innerhalb dessen jedes Instrument auf Geltendmachung hoffen kann, steht nicht zur Verfügung.

16

Manchmal scheint es so: Du hast diese Aufgabe, hast zu ihrer Ausführung soviel Kräfte als nötig sind (nicht zu viel, nicht zu wenig, Du mußt sie zwar zusammenhalten, aber nicht ängstlich sein), Zeit ist Dir genügend frei gelassen, den guten Willen zur Arbeit hast Du auch. Wo ist das Hindernis für das

Gelingen der ungeheueren Aufgabe? Verbringe nicht die Zeit mit dem Suchen des Hindernisses, vielleicht ist keines da.

17

Es gibt nur ein Ziel, keinen Weg. Was wir Weg nennen, ist Zögern.

Es wäre denkbar, daß Alexander der Große trotz der kriegerischen Erfolge seiner Jugend, trotz des ausgezeichneten Heeres, das er ausgebildet hatte, trotz der auf Veränderung der Welt gerichteten Kräfte, die er in sich fühlte, am Hellespont stehn geblieben und ihn nie überschritten hätte undzwar nicht aus Furcht, nicht aus Unentschlossenheit, nicht aus Willensschwäche, sondern aus Erdenschwere.

18

Ich stand niemals unter dem Druck einer andern Verantwortung, als jener, welche das Dasein, der Blick, das Urteil anderer Menschen mir auferlegten.

21

Aufgehoben die Reste, die glücklich gelösten Glieder, die gelockerten Knie, unter dem Balkon im Mondschein, im Hintergrund ein wenig Laubwerk schwärzlich wie Haare

Aufgehoben die Reste,
die glücklich gelösten Glieder,
die gelockerten Knie,

unter dem Balkon im Mondschein.
Im Hintergrund ein wenig Laubwerk,
schwärzlich wie Haare.

———————

Irgendein Ding aus einem Schiffbruch, frisch und schön ins
Wasser gekommen, überschwemmt und wehrlos gemacht
jahrelang, schließlich zerfallen.

———————

Dazu[1] kam, daß schon die zweite oder dritte Generation die
Sinnlosigkeit des Himmelsturmbaues erkannte, doch war
man schon viel zu sehr miteinander verbunden, um die Stadt
zu verlassen. Alles was in dieser Stadt an Sagen und Liedern
entstanden ist, ist erfüllt von der Sehnsucht nach einem pro-
phezeiten Tag, an welchem die Stadt von einer Riesenfaust in
fünf kurz aufeinander folgenden Schlägen zerschmettert
werden wird. Deshalb hat auch die Stadt die Faust im Wap-
pen.

»Bin ich nicht Steuermann?« rief ich. »Du?« fragte ein dunkler hochgewachsener Mann und strich sich mit der Hand
über die Augen als verscheuche er einen Traum. Ich war am
Steuer gestanden in der dunklen Nacht, die schwachbren-
nende Laterne über meinem Kopf und nun war dieser Mann
gekommen und wollte mich beiseiteschieben. Und da ich
nicht wich, setzte er mir den Fuß auf die Brust und trat mich
langsam nieder, während ich noch immer an den Naben des
Steuerrades hing und beim Niederfallen es ganz herumriß.
Da aber faßte es der Mann, brachte es in Ordnung, mich aber

———

[1] *Fortsetzung des auf S. 144 beginnenden Textes.*

stieß er weg. Doch ich besann mich bald, lief zu der Luke, die in den Mannschaftsraum führte und rief: »Mannschaft! Kameraden! Kommt schnell! Ein Fremder hat mich vom Steuer vertrieben!« Langsam kamen sie, stiegen auf aus der Schiffstreppe, schwankende müde mächtige Gestalten. »Bin ich der Steuermann?« fragte ich. Sie nickten, aber Blicke hatten sie nur für den Fremden, im Halbkreis standen sie um ihn herum und als er befehlend sagte: »Stört mich nicht«, sammelten sie sich, nickten mir zu und zogen wieder die Schiffstreppe hinab. Was ist das für Volk! Denken sie auch oder schlurfen sie nur sinnlos über die Erde?

Konsolidierung

Wir waren fünf Angestellte im Geschäft, der Buchhalter, ein kurzsichtiger schwermütiger Mann, der über dem Hauptbuch ausgebreitet lag wie ein Frosch, still, nur von einem mühseligen Atem schwach gehoben und gesenkt, dann der Kommis, ein kleiner Mann mit breiter Turnerbrust, eine Hand brauchte er auf dem Pult aufzustützen und schwang sich hinüber leicht und schön, nur sein Gesicht war dabei ernst und blickte streng ringsum. Dann hatten wir ein Ladenmädchen, ein älteres Fräulein, schmal und zart, mit anliegendem Kleid, meist hielt sie den Kopf zur Seite geneigt und lächelte mit den dünnen Lippen ihres großen Mundes. Ich, der Lehrjunge, der nicht viel mehr zu tun hatte, als mit dem Staubtuch am Pult sich herumzudrücken, hatte oft Lust die Hand unseres Fräuleins, eine lange, schwache, eingetrocknete, holzfarbige Hand, wenn sie nachlässig und selbstvergessen auf dem Pult lag, zu streicheln oder gar zu küssen oder – dies wäre das Höchste gewesen – das Gesicht dort, wo es so gut war, ruhn zu lassen und nur hie und da die Lage zu ändern, damit Gerechtigkeit sei und jede Wange diese Hand auskoste. Aber das geschah niemals, vielmehr streckte das Fräulein, wenn ich näher kam, eben diese Hand aus und wies mir eine neue Arbeit an, irgendwo in einem fernen Winkel oder oben auf der Leiter. Dieses letztere war besonders unangenehm, denn oben war von den offenen Gasflammen mit denen wir leuchteten, bedrückend heiß, auch war ich nicht schwindelfrei, mir war dort oft übel, ich steckte dort manchmal unter dem Vorwand besonders gründlicher Reinigung meinen Kopf in ein Regalfach und weinte ein kleines Weilchen oder ich hielt, wenn niemand hinaufsah, eine kurze stumme Ansprache an das Fräulein unten und machte ihr große Vorwürfe, ich wußte zwar, daß sie beiweitem nicht, weder hier noch anderswo, die entscheidende Macht hatte, aber ich glaubte irgendwie, sie könnte diese Macht haben wenn sie wollte, und sie dann zu meinen Gunsten benützen. Aber sie wollte nicht, sie übte ja nicht einmal die Macht aus die sie hatte. Sie war z. B. die einzige des Personals, welcher der Geschäftsdiener ein wenig folgte, sonst war er der eigenwilligste Mensch, gewiß, er war der älteste im Geschäft, noch unter dem alten Chef hatte er gedient, sovieles hatte er hier mitgemacht wovon wir andern keine Ahnung hatten, aber er zog aus alledem den falschen Schluß, daß er alles besser verstehe als die andern, daß er z. B. nicht nur ebenso gut sondern viel besser als der Buchhalter die Bücher führen könne, besser als der Kommis die Kundschaft bedienen könne u. s. f. und daß er nur aus freiwilligem Entschluß die Geschäftsdienerstelle übernommen habe, weil sich für sie niemand sonst, nicht einmal ein Unfähiger gefunden habe. Und so quälte er sich, der gar nicht sehr stark gewesen sein dürfte und jetzt schon nur ein Wrack war, seit vierzig Jahren mit dem Handkarren, den Kisten und Paketen. Er hatte es freiwillig übernommen, aber das hatte man vergessen, neue

Zeiten waren gekommen, man erkannte ihn nicht mehr an und während rings um ihn im Geschäft die ungeheuerlichsten Fehler gemacht wurden, mußte er, ohne daß man ihn eingreifen ließ, die Verzweiflung darüber hinunterwürgen und überdies an seine schwere Arbeit gefesselt bleiben.

Ich bin ein Diener, aber es ist keine Arbeit für mich da. Ich bin ängstlich und dränge mich nicht vor, ja ich dränge mich nicht einmal in einer Reihe mit den andern, aber das ist nur die eine Ursache meines Nichtbeschäftigtseins, es ist auch möglich daß es mit meinem Nichtbeschäftigtsein überhaupt nichts zu tun hat, die Hauptursache ist jedenfalls daß ich nicht zum Dienst gerufen werde, andere sind gerufen worden und haben sich nicht mehr darum beworben als ich, ja haben vielleicht nicht einmal den Wunsch gehabt gerufen zu werden, während ich ihn wenigstens manchmal sehr stark habe.

So liege ich also auf der Pritsche in der Gesindestube, schaue zu den Balken auf der Decke hinauf, schlafe ein, wache auf und schlafe schon wieder ein. Manchmal gehe ich hinüber ins Wirtshaus, wo ein saueres Bier ausgeschenkt wird, manchmal habe ich schon vor Widerwillen ein Glas davon ausgeschüttet, dann aber trinke ich es wieder. Ich sitze gern dort, weil ich hinter dem geschlossenen kleinen Fenster ohne von irgendjemandem entdeckt werden zu können, zu den Fenstern unseres Hauses hinübersehn kann. Man sieht ja dort nicht viel, hier gegen die Straße zu liegen, glaube ich, nur die Fenster der Korridore und überdies nicht jener Korridore die zu den Wohnungen der Herrschaft führen. Es ist möglich, daß ich mich auch irre, aber irgendjemand hat es einmal, ohne daß ich ihn gefragt hätte, behauptet und der allgemeine Eindruck dieser Hausfront bestätigt das. Selten nur werden die Fenster geöffnet und wenn es geschieht, tut es ein Diener und lehnt sich dann wohl auch an die Brüstung, um ein Weilchen hinunterzusehn. Es sind also Korridore wo er nicht überrascht werden kann. Übrigens kenne ich diese Diener nicht, die ständig oben beschäftigten Diener schlafen anderswo, nicht in meiner Stube.

Einmal, als ich ins Wirtshaus kam, saß auf meinem Beobachtungsplatz schon ein Gast. Ich wagte nicht genau hinzusehn und wollte mich gleich in der Tür wieder umdrehn und weggehn. Aber der Gast rief mich zu sich und es zeigte sich, daß es auch ein Diener war, den ich schon einmal irgendwo gesehn hatte, ohne aber bisher mit ihm gesprochen zu haben. »Warum willst Du fortlaufen? Setz Dich her und trink. Ich zahl's.« So setzte ich mich also. Er fragte mich einiges, aber ich konnte es nicht beantworten, ja ich verstand nicht einmal die Fragen. Ich sagte deshalb: »Vielleicht reut es Dich jetzt, daß Du mich eingeladen hast, dann gehe ich«, und ich wollte schon aufstehn. Aber er langte mit seiner Hand über den Tisch herüber und drückte mich nieder: »Bleib«, sagte er, »das war ja nur eine Prüfung. Wer die Fragen nicht beantwortet, hat die Prüfung bestanden.«

Es war ein Geier, der hackte in meine Füße. Stiefel und Strümpfe hatte er schon aufgerissen, nun hackte er schon in die Füße selbst. Immer schlug er zu, flog dann unruhig mehrmals um mich und setzte dann die Arbeit fort. Es kam ein Herr vorüber, sah ein Weilchen zu und fragte dann, warum ich den Geier dulde. »Ich bin ja wehrlos«, sagte ich, »er kam und fing zu hacken an, da wollte ich ihn natürlich wegtreiben, versuchte ihn sogar zu würgen, aber ein solches Tier hat große Kräfte, auch wollte er mir schon ins Gesicht springen, da opferte ich lieber die Füße. Nun sind sie schon fast zerrissen.« »Daß Sie sich so quälen lassen«, sagte der

Herr, »ein Schuß und der Geier ist erledigt.« »Ist das so?« fragte ich, »und wollten Sie das besorgen?« »Gern«, sagte der Herr, »ich muß nur nachhause gehn und mein Gewehr holen. Können Sie noch eine halbe Stunde warten?« »Das weiß ich nicht«, sagte ich und stand eine Weile starr vor Schmerz, dann sagte ich: »Bitte, versuchen Sie es für jeden Fall.« »Gut«, sagte der Herr, »ich werde mich beeilen.« Der Geier hatte während des Gespräches ruhig zugehört und die Blicke zwischen mir und dem Herrn wandern lassen. Jetzt sah ich, daß er alles verstanden hatte, er flog auf, weit beugte er sich zurück um genug Schwung zu bekommen und stieß dann wie ein Speerwerfer den Schnabel durch meinen Mund tief in mich. Zurückfallend fühlte ich befreit wie er in meinem alle Tiefen füllenden, alle Ufer überfließenden Blut unrettbar ertrank.

———————

Immer wieder verirre ich mich, es ist ein Waldweg, aber deutlich erkennbar, nur über ihm führt die Aussicht auf einen Himmelsstreifen, überall sonst ist der Wald dicht und dunkel. Und doch das fortwährende, verzweifelte Verirren, und außerdem mache ich einen Schritt vom Weg bin ich gleich tausend Schritt im Wald, verlassen daß ich umfallen möchte und liegen bleiben für immer

Es war ein gewöhnlicher Tag; er zeigte mir die Zähne; auch ich war von Zähnen gehalten und konnte mich ihnen nicht entwinden; ich wußte nicht wodurch sie mich hielten, denn sie waren nicht zusammengebissen; ich sah sie auch nicht in den zwei Reihen des Gebisses, sondern nur hier einige, dort einige. Ich wollte mich an ihnen festhalten und mich über sie hinwegschwingen, aber es gelang mir nicht,

Du bist zu spät gekommen, eben war er hier, im Herbst bleibt er nicht lange auf einem Platz, es lockt ihn auf die dunklen unumgrenzten Felder hinaus, er hat etwas von Krähenart. Willst du ihn sehn, fliege zu den Feldern, dort ist er gewiß.

———————

Du sagst daß ich noch weiter hinuntergehn soll, aber ich bin doch schon sehr tief, es verschlägt mir schon den Atem, auch hier ist es fast schon zu tief, aber, wenn es so sein muß, will ich hier bleiben. Was für ein Raum! Es ist wahrscheinlich schon der tiefste Ort. Aber ich will hier bleiben, nur zum weiteren Hinabsteigen zwinge mich nicht.

———————

Ich war dieser Figur gegenüber wehrlos, ruhig saß sie beim Tisch und blickte auf die Tischplatte. Ich gieng im Kreis um sie herum und fühlte mich von ihr gewürgt. Um mich gieng ein dritter herum und fühlte sich von mir gewürgt. Um den dritten gieng ein vierter herum und fühlte sich von ihm gewürgt. Und so setzte es sich fort bis zu den Bewegungen der Gestirne und darüber hinaus. Alles fühlt den Griff am Hals.

———————

In welcher Gegend ist es? Ich kenne sie nicht. Alles entspricht dort einander, sanft geht alles in einander über. Ich weiß daß diese Gegend irgendwo ist, ich sehe sie sogar, aber ich weiß nicht wo sie ist und ich kann mich ihr nicht nähern.

———————

Mit stärkstem Licht kann man die Welt auflösen. Vor schwachen Augen wird sie fest, vor noch schwächern bekommt sie Fäuste, vor noch schwächeren wird sie schamhaft und zerschmettert den, der sie anzuschauen wagt.

———

Es war ein kleiner Teich, dort tranken wir, Bauch und Brust an der Erde, die Vorderbeine, müde vor Trinkseligkeit, ins Wasser getaucht. Wir mußten aber bald zurück, der Besonnenste riß sich los und rief: »Zurück Brüder!« Dann liefen wir zurück. »Wo wart ihr?« wurden wir gefragt. »Im Wäldchen.« »Nein, ihr wart beim Teich.« »Nein, wir waren nicht dort.« »Ihr trieft ja noch von Wasser, ihr Lügner!« Und die Peitschen begannen zu spielen. Wir liefen durch die langen mondscheinerfüllten Korridore, hie und da wurde einer getroffen und sprang hoch vor Schmerz. In der Ahnengalerie war die Jagd zuende, die Tür wurde zugeschlagen, man ließ uns allein. Wir waren noch alle durstig, wir leckten einander gegenseitig das Wasser von Fell und Gesicht, manchmal bekam man statt Wasser Blut auf die Zunge, das war von den Peitschenhieben

———

Nur ein Wort. Nur eine Bitte. Nur ein Bewegen der Luft. Nur ein Beweis daß Du noch lebst und wartest. Nein keine Bitte, nur ein Atmen, kein Atmen nur ein Bereitsein, kein Bereitsein nur ein Gedanke, kein Gedanke nur ruhiger Schlaf.

———

Ich suchte meinen Besitz zusammen. Es war sehr wenig, aber es waren genau umrissene, feste, jeden sofort überzeugende Dinge. Es waren sechs bis sieben Stücke, ich sage sechs bis sieben, weil sechs davon zweifellos nur mir gehörten, das siebente aber auch einem Freund gehört hatte, der allerdings vor vielen Jahren unsere Stadt verlassen hatte und seitdem verschollen war. So konnte man also wohl sagen, daß auch dieses siebente Stück mir gehörte.

Trotzdem diese Stücke recht einzigartig waren, hatten sie keinen großen Wert

---

Die Klage ist sinnlos (wem klagt er?) der Jubel ist lächerlich (das Kaleidoskop im Fenster). Offenbar will er doch nur Vorbeter sein, aber dann ist das Indische unanständig, dann genügt doch für die Klage, wenn er sein Lebenlang wiederholt Ich-Hund, ich-Hund usf. und wir alle werden ihn verstehn, für das Glück aber genügt das Schweigen nicht nur, sondern es ist das einzig Mögliche.

»Es ist keine öde Mauer, es ist zur Mauer zusammengepreßtes süßestes Leben, Rosinentrauben an Rosinentrauben.« – »Ich glaube es nicht.« – »Koste davon.« – »Ich kann vor Nichtglauben die Hand nicht heben.« – »Ich werde Dir die Traube zum Mund reichen.« – »Ich kann sie vor Nichtglauben nicht schmecken.« – »Dann versinke!« – »Sagte ich nicht daß man vor der Öde dieser Mauer versinken muß?«

Ich kann schwimmen wie die andern, nur habe ich ein besseres Gedächtnis als die andern, ich habe das einstige Nichtschwimmen-können nicht vergessen. Da ich es aber nicht vergessen habe, hilft mir das Schwimmen-können nichts und ich kann doch nicht schwimmen.

Noch ein kleiner Schmuck auf dieses Grab. Es sei schon genug geschmückt? Ja aber da mir die Dinge so leicht von der Hand gehn,

Es ist das Tier mit dem großen Schweif, einem viele Meter langen fuchsartigen Schweif. Gern bekäme ich den Schweif einmal in die Hand, aber es ist unmöglich, immerfort ist das Tier in Bewegung, immerfort wird der Schweif herumgeworfen. Das Tier ist kängeruhartig, aber uncharakteristisch im fast menschlich flachen, kleinen, ovalen Gesicht, nur seine Zähne haben Ausdruckskraft, ob es sie nun verbirgt oder fletscht. Manchmal habe ich das Gefühl, daß mich das Tier dressieren will; was hätte es sonst für einen Zweck mir den Schwanz zu entziehn, wenn ich nach ihm greife, dann wieder ruhig zu warten, bis es mich wieder verlockt und dann von neuem weiterzuspringen.

In Voraussicht des Kommenden hatte ich mich in eine Zimmerecke geduckt und das Kanapee quervorgeschoben. Kam jetzt jemand herein, mußte er mich eigentlich für närrisch halten, aber der welcher kam tat es doch nicht. Aus seinem hohen Schaftstiefel zog er eine Hundepeitsche, schwang sie im Kreis um sich, hob und senkte sich auf den breit auseinander stehenden Beinen und rief: »Heraus aus dem Winkel! Heraus aus dem warmen Winkel! Wie lange noch?«

Es trieb sich ein Leichenwagen im Land herum, er hatte eine Leiche aufgeladen, lieferte sie aber auf dem Friedhof nicht ab, der Kutscher war betrunken und glaubte, er führe einen

Kutschwagen, aber auch wohin er mit diesem fahren solle hatte er vergessen. So fuhr er durch die Dörfer, hielt vor den Wirtshäusern und hoffte wenn ihm hie und da die Sorge nach dem Reiseziel aus der Trunkenheit aufblitzte, von guten Leuten einmal alles Nötige zu erfahren. So hielt er einmal vor dem »Goldenen Hahn« und ließ sich einen Schweinebraten

Ich sehe in der Ferne eine Stadt, ist es die welche Du meinst?
Es ist möglich, doch verstehe ich nicht, wie du dort eine Stadt erkennen kannst, ich sehe dort etwas erst seitdem Du mich darauf aufmerksam gemacht hast und auch nicht mehr als einige undeutliche Umrisse im Nebel.
Oja, ich sehe es, es ist ein Berg mit einer Burg oben und dorfartiger Besiedelung auf den Abhängen.
Dann ist es jene Stadt, Du hast recht, sie ist eigentlich ein großes Dorf

Ich saß an einem Tischchen vor der Tür einer Matrosenschenke, paar Schritte vor mir lag der kleine Hafen, es war schon gegen Abend. Ein schwerfälliges Fischerboot fuhr nahe vorüber, in dem einzigen Kajütenfenster war Lichtschein, auf Deck arbeitete ein Mann am Segelwerk, hielt dann inne und sah nach mir hin. »Kannst Du mich mitnehmen?« schrie ich. Er nickte deutlich. Ich war schon aufgesprungen, daß das Tischchen schaukelte und die Kaffeetasse hinabfiel und zerbrach, noch einmal fragte ich: »Antworte! Kannst Du mich mitnehmen?« »Ja«, sagte er langhingezogen mit erhobenem Kopf.
»Leg an«, rief ich, »ich bin bereit.« »Soll ich Dir Deinen Koffer bringen«, fragte der Wirt, der herangetreten war.

»Nein«, sagte ich, Abscheu ergriff mich, ich sah den Wirt an, als hätte er mich beleidigt. »Du willst mir doch nicht meinen Koffer bringen

———

»Warum habt ihr noch nicht maschinellen Betrieb einge-führt?« fragte ich. »Die Arbeit ist zu fein dafür«, sagte der Aufseher. Er saß an einem Tisch im Winkel des großen scheunenartigen Holzbaues, an einem aus dunkler Höhe kom-menden Drat hing ganz nahe über dem Tisch, so daß der Aufseher fast mit dem Kopf an sie stieß, eine Glühlampe mit scharfem Licht. Auf dem Tisch lagen Lohnlisten, die der Aufseher durchrechnete.

»Ich störe Sie wohl«, sagte ich. »Nein«, sagte der Aufseher zerstreut, »ich habe aber noch Arbeit hier wie Sie sehn.« »Warum hat man mich dann hergerufen«, sagte ich. »Was soll ich hier, mitten im Wald?« »Sparen Sie die Fragen«, sagte der Aufseher, der kaum zugehört hatte; dann merkte er aber die Unhöflichkeit, sah zu mir auf, lachte und sagte: »Das ist bei uns nämlich die gebräuchliche Redensart. Wir werden hier mit Fragen überlaufen. Aber arbeiten und Fragen beantwor-ten kann man nicht gleichzeitig. Wer zu sehn versteht muß nicht fragen. Übrigens werden Sie, wenn Sie sich für Technik interessieren, genug Unterhaltung haben. Horaz!« rief er dann in den dunklen Raum hinein, aus dem nur das Quiet-schen von ein oder zwei Sägen zu hören war.

Ein junger Mann trat hervor, ein wenig widerwillig wie mir schien. »Dieser Herr«, sagte der Aufseher und zeigte mit dem Federhalter auf mich, »bleibt über Nacht bei uns. Er will sich morgen den Betrieb ansehn. Gib ihm zu essen und führe ihn dann zu seinem Schlaflager. Hast Du mich verstanden?« Horaz nickte, er war wohl etwas schwerhörig, wenigstens hielt er den Kopf zum Aufseher hinabgebeugt.

Niemals ziehst Du das Wasser aus der Tiefe dieses Brunnens. Was für Wasser? Was für Brunnen? Wer fragt denn? Stille. Was für eine Stille?

»Niemals ziehst Du das Wasser aus der Tiefe dieses Brunnens.«
»Was für Wasser? Was für Brunnen?«
»Wer fragt denn?«
Stille.
»Was für eine Stille?«

Meine Sehnsucht waren die alten Zeiten
meine Sehnsucht war die Gegenwart
meine Sehnsucht war die Zukunft
und mit alledem sterbe ich in einem Wächterhäuschen am
Straßenrand
einem aufrechten Sarg seit jeher
einem Besitzstück des Staates
mein Leben habe ich damit verbracht
mich zurückzuhalten es zu zerschlagen.

---

mein Leben habe ich damit verbracht mich gegen die Lust zu wehren es zu beenden.

Du mußt den Kopf durch die Wand stoßen. Sie zu durchstoßen ist nicht schwer, denn sie ist aus dünnem Papier. Schwer aber ist es, sich nicht dadurch täuschen zu lassen, daß es auf dem Papier schon äußerst täuschend aufgemalt ist, wie Du die Wand durchstößt. Es verführt Dich zu sagen: »Durchstoße ich sie nicht fortwährend?«

»Immerfort sprichst Du vom Tod und stirbst doch nicht.«
   »Und doch werde ich sterben. Ich sage eben meinen Schlußgesang. Des einen Gesang ist länger, des andern Gesang ist kürzer. Der Unterschied kann aber immer nur wenige Worte ausmachen.«

———————

Ein Wächter! Ein Wächter! Was bewachst Du? Wer hat Dich angestellt? Nur um eines, um den Ekel vor Dir selbst bist Du reicher als die Mauerassel, die unter dem alten Stein liegt und wacht.

———————

Erreiche es nur Dich der Mauerassel verständlich zu machen. Hast Du ihr einmal die Frage nach dem Zweck ihres Arbeitens beigebracht, hast Du das Volk der Asseln ausgerottet.

———————

Das Leben ist eine fortwährende Ablenkung, die nicht einmal zur Besinnung darüber kommen läßt, wovon sie ablenkt.

———————

Daß noch der Konservativste die Radikalität des Sterbens aufbringt!

———————

Die Unersättlichsten sind manche Asketen, sie machen Hungerstrike auf allen Gebieten des Lebens und wollen dadurch gleichzeitig Folgendes erreichen:

1.) eine Stimme soll sagen: Genug, Du hast genug gefastet, jetzt darfst Du essen wie die andern und es wird nicht als Essen angerechnet werden

2.) die gleiche Stimme soll gleichzeitig sagen: Jetzt hast Du solange unter Zwang gefastet, von jetzt an wirst Du mit Freude fasten, es wird süßer als Speise sein (gleichzeitig aber wirst Du auch wirklich essen)

3.) die gleiche Stimme soll gleichzeitig sagen: Du hast die Welt besiegt, ich enthebe Dich ihrer, des Essens und des Fastens (gleichzeitig aber wirst Du sowohl fasten als essen).

Zudem kommt noch eine seit jeher zu ihnen redende unablässige Stimme: Du fastest zwar nicht vollständig, aber Du hast den guten Willen, und der genügt.

Du sagst, daß Du es nicht verstehst. Such es zu verstehn, indem Du es Krankheit nennst. Es ist eine der vielen Krankheitserscheinungen, welche die Psychoanalyse aufgedeckt zu haben glaubt. Ich nenne es nicht Krankheit und sehe in dem therapeutischen Teil der Psychoanalyse einen hilflosen Irrtum. Alle diese angeblichen Krankheiten, so traurig sie auch aussehn, sind Glaubenstatsachen, Verankerungen des in Not befindlichen Menschen in irgendwelchem mütterlichen Boden; so findet ja auch die Psychoanalyse als Urgrund der Religionen auch nichts anderes als was die »Krankheiten« des Einzelnen begründet, allerdings fehlt heute die religiöse Gemeinschaft, die Sekten sind zahllos und meist auf Einzelpersonen beschränkt, aber vielleicht zeigt sich das so nur dem von der Gegenwart befangenen Blick. Solche Verankerungen, die wirklichen Boden fassen, sind aber doch nicht ein einzelner Besitz des Menschen, sondern in seinem Wesen vorgebildet und nachträglich sein Wesen (auch seinen Körper) noch weiter in dieser Richtung umbildend. Hier will man heilen?

In meinem Fall kann man sich drei Kreise denken, einen innersten A, dann B, dann C. Der Kern A erklärt dem B, warum dieser Mensch sich quälen und sich mißtrauen muß, warum er verzichten muß, warum er nicht leben darf. (War nicht z. B. Diogenes in diesem Sinne schwer krank? Wer von uns wäre nicht glücklich unter dem strahlenden Blick Alexanders gewesen? Diogenes aber bat ihn verzweifelt die Sonne freizugeben. Dieses Faß war von Gespenstern voll.) C, dem handelnden Menschen, wird nichts mehr erklärt, ihm befiehlt bloß schrecklich B; C handelt unter strengstem Druck, aber mehr in Angst, als in Verständnis, er vertraut, er glaubt, daß A dem B alles erklärt und B alles richtig verstanden hat.

Ich überlief den ersten Wächter. Nachträglich erschrak ich, lief wieder zurück und sagte dem Wächter: »Ich bin hier durchgelaufen, während Du abgewendet warst.« Der Wächter sah vor sich hin und schwieg. »Ich hätte es wohl nicht tun sollen«, sagte ich. Der Wächter schwieg noch immer. »Bedeutet Dein Schweigen die Erlaubnis zu passieren

———————

»Ach«, sagte die Maus, »die Welt wird enger mit jedem Tag. Zuerst war sie so weit, daß ich Angst davor hatte, dann lief ich weiter, da stiegen schon rechts und links in der Ferne Mauern auf, und jetzt – es ist ja noch gar nicht lange her, seitdem ich zu laufen angefangen habe – bin ich in dem mir bestimmten Zimmer und dort in der Ecke steht die Falle, in die ich laufe.« »Du mußt die Laufrichtung ändern«, sagte die Katze und fraß sie auf.

———————

»Ach«, sagte die Maus, »die Welt wird enger mit jedem Tag. Zuerst war sie so breit, daß ich Angst hatte, ich lief weiter und war glücklich daß ich endlich rechts und links in der Ferne Mauern sah, aber diese langen Mauern eilen so schnell auf einander zu daß ich schon im letzten Zimmer bin und dort im Winkel steht die Falle, in die ich laufe.« »Du mußt nur die Laufrichtung ändern«, sagte die Katze und fraß sie.

Es waren zwei Drescher bestellt, sie standen mit ihren Dreschflegeln in der dunklen Scheuer. »Komm«, sagten sie und ich wurde auf die Tenne gelegt. Der Bauer stand an die Tür gelehnt halb außen, halb innen.

Das Tier entwindet dem Herrn die Peitsche und peitscht sich selbst um Herr zu werden und weiß nicht daß das nur eine Phantasie ist, erzeugt durch einen neuen Knoten im Peitschenriemen des Herrn.

Der Mensch ist eine ungeheuere Sumpffläche. Ergreift ihn Begeisterung, so ist es im Gesamtbild so wie wenn irgendwo in einem Winkel dieses Sumpfes ein kleiner Frosch in das grüne Wasser plumpst.

Wäre nur einer imstande, ein Wort vor der Wahrheit zurückzubleiben, jeder (auch ich in diesem Spruch) überrennt sie mit hunderten.

Es war ein Strom, ein trübes Gewässer, es wälzte sich mit großer, aber doch irgendwie schläfriger, allzu regelmäßiger Eile mit niedrigen lautlosen Wellen dahin. Vielleicht war es nicht anders möglich, weil er so überfüllt war

---

Ein Reiter ritt auf einem Waldweg, vor ihm lief ein Hund. Hinter ihm kamen paar Gänse, ein kleines Mädchen trieb sie mit einer Gerte vor sich her. Trotzdem alle vom Hund vorn bis zu dem kleinen Mädchen hinten so schnell als möglich vorwärtseilten, war es doch nicht sehr schnell, jeder hielt leicht mit den andern Schritt. Übrigens liefen auch die Waldbäume zu beiden Seiten mit, irgendwie widerwillig, müde, diese alten Bäume. An das Mädchen schloß sich ein junger Athlet, ein Schwimmer, er schwamm mit kräftigen Stößen, den Kopf tief im Wasser, denn Wasser war wellenschlagend rings um ihn und wie er schwamm, so floß das Wasser mit, dann kam ein Tischler, der einen Tisch abzuliefern hatte, er trug ihn auf dem Rücken, die zwei vordern Tischbeine hielt er mit den Händen fest, ihm folgte der Kurier des Czaren, er war unglücklich wegen der vielen Menschen die er hier im Wald getroffen hatte, immerfort streckte er den Hals und sah nach wie vorn die Lage war und warum alles so widerwärtig langsam gieng, aber er mußte sich bescheiden, den Tischler vor sich hätte er wohl überholen können, aber wie wäre er durch das Wasser gekommen, das den Schwimmer umgab. Hinter dem Kurier kam merkwürdigerweise der Czar selbst, ein noch junger Mann mit blondem Spitzbart und zartem aber rundbäckigem Gesicht, das sich des Lebens freute. Hier zeigten sich die Nachteile so großer Reiche, der Czar kannte seinen Kurier, der Curier seinen Czaren nicht, der Czar war auf einem kleinen Erholungsspaziergang und kam nicht weniger schnell vorwärts, als sein Kurier, er hätte also die Post

auch selbst besorgen können. Allerdings . . . .
. . . .
. . . .
. . . . . . der fremden Post die Nerven ruinierte, ...
. . . . daß er

Der Kurier des Czaren übernachtete in einem kleinen Steppendorf, er lag [bereits] im einzigen Raum der Hütte, um ihn herum schlief die Familie des Bauern, in einer Ecke waren einige Ziegen zusammen gedrängt, sie waren unruhiger als die Menschen, darum war schon eine der Ziegen aufgestanden, hatte eine Wanderung durch die Stube gemacht und an den Menschen geschnuppert. Der Kurier schlief kaum, während seiner Reisen schlief er gewöhnlich gar nicht, nur wenn die Lage völlig sicher schien, schloß er die Augen, schlief sofort ein, behielt sich aber so in der Gewalt, daß ihn Geräusche nicht erst wecken mußten, sondern daß er sie im Schlaf mit dem Gehör geradezu aufspürte und jedenfalls duldete er keinen Schlaf, der über eine Viertelstunde dauerte, sondern rüttelte sich dann selbst auf.

Mein Vater führte mich zum Schuldirektor. Es schien eine große Anstalt zu sein, wir durchschritten einige saalartige Räume, allerdings war alles leer. Einen Diener fanden wir nicht, wir gingen daher rücksichtslos weiter, auch waren alle Türen offen. Plötzlich zuckten wir zurück, das Zimmer, in das wir eilig eingetreten waren, wie in alle früheren, war wenn auch mit sehr wenig Möbeln doch als Arbeitszimmer eingerichtet und auf dem Kanapee lag ein Mann. Es war, ich erkannte ihn nach Photographien, der Schuldirektor; ohne aufzustehn forderte er uns auf näherzutreten. Die Entschuldigungen meines Vaters wegen unseres unhöflichen Eindringens ins Direktorat, hörte er mit geschlossenen Augen ab, dann fragte er was wir haben wollten. Das zu hören war auch ich neugierig, so sahen wir beide, der Direktor und ich, den Vater an. Der Vater sagte, es liege ihm daran, daß sein jetzt achtzehnjähriger Sohn

Den Kopf hat er zur Seite geneigt; in dem dadurch freigelegten Hals ist eine Wunde, siedend in brennendem Blut und Fleisch, geschlagen durch einen Blitz, der noch andauert.

Im Bett, das Knie ein wenig gehoben, im Faltenwurf der Decke daliegend, riesig wie eine steinerne Figur zur Seite der Freitreppe eines öffentlichen Gebäudes, starr in der lebendig vorbeitreibenden Menge und doch mit ihr in einer fernen, in ihrer Ferne kaum zu fassenden Beziehung.

In einem Land betet man nur zu einer einzigen Gruppe von Gottheiten, man nennt sie: die zusammengebissenen Zähne.

Wie groß der Kreis des Lebens ist kann man daraus erkennen, daß einerseits die Menschheit soweit sie zurückdenken kann von Reden überfließt und daß andererseits Reden nur dort möglich ist, wo man lügen will.

Geständnis und Lüge ist das Gleiche. Um gestehen zu können, lügt man. Das was man ist kann man nicht ausdrücken, denn dieses ist man eben; mitteilen kann man nur das was man nicht ist, also die Lüge. Erst im Chor mag eine gewisse Wahrheit liegen.

Es war eine Abendschule der Geschäftslehrjungen, sie hatten einige kleine Rechenaufgaben bekommen, die sie jetzt schriftlich ausarbeiten mußten. Es war aber ein so großer Lärm in allen Bänken, daß niemand auch beim besten Willen rechnen konnte. Der stillste war der Lehrer oben auf dem Katheder, ein magerer junger Student, der krampfhaft irgendwie an der Überzeugung festhielt daß die Schüler an ihrer Aufgabe arbeiteten und daß er deshalb mit seinen eigenen Studien sich beschäftigen dürfe, was er auch mit an die Ohren gepreßten Daumen tat. Da klopfte es, es war der Inspektor der Abendschulen. Die Jungen verstummten sofort, soweit das bei dem Losgelassensein aller ihrer Kräfte möglich war, der Lehrer legte das Klassenbuch über seine Hefte. Der Inspektor, noch ein junger Mann, nicht viel älter als der Student, sah mit müden, offenbar etwas kurzsichtigen Augen über die Klasse hin. Dann stieg er auf das Katheder, nahm das Klassenbuch, nicht um es zu öffnen sondern um die Studienhefte des Lehrers bloßzulegen, winkte dann dem Lehrer daß er sich setze und setzte sich halb neben ihn, halb ihm gegenüber auf den zweiten Sessel. Es ergab sich dann folgendes Gespräch dem die ganze Klasse, die rückwärtigen Reihen waren aufgestanden um besser zu sehn, aufmerksam zuhörte:

I.   Hier wird also gar nichts gelernt. Den Lärm habe ich schon im untern Stockwerk gehört.

L.   Es sind einige sehr unartige Jungen in der Klasse, die andern aber arbeiten an einer Rechenaufgabe.

I.   Nein, niemand arbeitet, es ist auch nicht anders möglich, wenn Sie hier oben sitzen und römisches Recht studieren.

L. Es ist wahr, ich habe die Zeit, während die Klasse schriftlich arbeitet, zum Studieren benützt, ich wollte mir die heutige Nachtarbeit ein wenig abkürzen, bei Tag habe ich keine Zeit zum Studieren.

I. Gut, das klingt ja ganz unschuldig, aber wir wollen näher zusehn. In welcher Schule sind wir hier?

L. In der Abendschule für Lehrjungen der Kaufmannsgenossenschaft.

I. Ist es eine hohe Schule oder eine niedrige?

L. Eine niedrige.

I. Vielleicht eine der niedrigsten?

L. Ja, eine der niedrigsten.

I. Das ist richtig, es ist eine der niedrigsten. Also wir alle, Schüler, Lehrer und ich, der Inspektor, arbeiten, oder vielmehr wir sollen unserer Pflicht gemäß an einer der niedrigsten Schulen arbeiten.

Es war keine Gefängniszelle, denn die vierte Wand war völlig frei. Die Vorstellung, daß auch diese Wand vermauert sein oder werden könnte, war entsetzlich, denn dann war ich bei dem Ausmaß des Raumes, der ein Meter tief war und nur wenig höher als ich, in einem aufrechten steinernen Sarg. Nun, vorläufig war sie nicht vermauert, ich konnte die Hände frei hinausstrecken und, wenn ich mich an einer eisernen Klammer festhielt, die oben in der Decke stak, konnte ich auch den Kopf vorsichtig hinausbeugen, vorsichtig allerdings, denn ich wußte nicht, in welcher Höhe über dem Erdboden sich meine Zelle befand. Sie schien sehr hoch zu liegen, wenigstens sah ich in der Tiefe nichts als grauen Dunst, wie auch übrigens rechts und links und in der Ferne, nur nach der Höhe hin schien er sich ein wenig zu lichten. Es war eine Aussicht wie man sie an einem trüben Tag auf einem Turm haben könnte.

Ich war müde und setzte mich vorn am Rand nieder, die Füße ließ ich hinunterbaumeln. Ärgerlich war es, daß ich ganz nackt war, sonst hätte ich Kleider und Wäsche aneinandergeknotet, oben an der Klammer befestigt und mich außen ein großes Stück unter meine Zelle hinablassen und vielleicht manches auskundschaften können. Andererseits war es gut, daß ich es nicht tun konnte, denn ich hätte es wohl in meiner Unruhe getan, aber es hätte sehr schlecht ausgehn können. Besser nichts haben und nichts tun.

In der Zelle, die sonst ganz leer war und kahle Mauern hatte waren hinten zwei Löcher im Boden. Das Loch in der einen Ecke schien für die Notdurft bestimmt, vor dem Loch in der andern Ecke lag ein Stück Brot und ein zugeschraubtes kleines Holzfäßchen mit Wasser, dort also wurde mir die Nahrung hereingesteckt.

Ich habe keine ursprüngliche Abneigung oder gar Furcht vor Schlangen. Erst jetzt nachträglich stellt sich die Furcht ein. Das ist aber bei meiner Lage vielleicht selbstverständlich. Zunächst gibt es doch in der ganzen Stadt außer in Sammlungen oder einzelnen Geschäften gar keine Schlangen, mein Zimmer ist aber voll von ihnen. Es fing damit an, daß ich abend bei meinem Tisch saß und einen Brief schrieb. Ich habe kein Tintenfaß und benütze eine große Tintenflasche. Gerade wollte ich wieder eintauchen, da sehe ich wie aus dem Flaschenhals der kleine zarte platte Kopf einer Schlange ragt. Ihr Körper hängt in die Flasche hinab und verschwindet unten in der stark bewegten Tinte. Das war doch sehr merkwürdig, aber ich hörte gleich es anzustaunen auf, als mir einfiel, daß es vielleicht eine Giftschlange sein könnte, was sehr wahrscheinlich war, denn sie züngelte verdächtig und ein drohender dreifarbiger Stern

―――――

Der Boden war durchgeackert

―――――

Es ist nicht so, daß du im Bergwerk verschüttet bist und die Massen des Gesteins Dich schwachen Einzelnen von der Welt und ihrem Licht trennen, sondern Du bist draußen und willst zu dem Verschütteten dringen und bist ohnmächtig gegenüber den Steinen und die Welt und ihr Licht macht Dich noch ohnmächtiger. Und jeden Augenblick erstickt der, den Du retten willst, so daß Du wie ein Toller arbeiten mußt und niemals wird er ersticken, so daß Du niemals mit der Arbeit wirst aufhören dürfen.

Es war eine kleine Gesellschaft auf der erhöhten Terasse unter dem von Säulen getragenen Dach. Drei Stufen führten zum Garten hinab. Vollmond war und warme Juninacht. Alle waren sehr lustig, wir lachten über alles; wenn in der Ferne ein Hund bellte, lachten wir darüber.

―――――

»Sind wir auf dem richtigen Weg?« fragte ich unsern Führer, einen griechischen Juden. Er wandte mir im Licht der Fackel sein bleiches sanftes trauriges Gesicht zu. Ob wir auf dem richtigen Weg waren, schien ihm völlig gleichgültig. Wie kamen wir auch zu diesem Führer, der statt uns hier durch die Katakomben von Rom zu führen, bisher nur schweigend mitgieng, wo wir giengen? Ich blieb stehn und wartete bis unsere ganze Gesellschaft eng beisammen war. Ich fragte ob niemand fehle; es wurde niemand vermißt. Ich mußte mich damit zufrieden geben, denn ich selbst kannte niemanden von ihnen, im Gedränge, Fremde, waren wir hinter dem Führer her in die Katakomben hinabgestiegen, erst jetzt suchte ich mit ihnen eine Art Bekanntschaft zu schließen.

Ich habe einen starken Hammer, aber ich kann ihn nicht benützen, denn sein Schaft glüht.

Viele umschleichen den Berg Sinai. Ihre Rede ist undeutlich, entweder sind sie redselig oder schreien sie oder sind sie verschlossen. Aber keiner von ihnen kommt geraden Weges herab auf einer breiten, neu entstandenen, glatten Straße, die ihrerseits die Schritte groß macht und beschleunigt

---

Schreiben als Form des Gebetes

Unterschied zwischen Zürau und Prag. Kämpfte ich damals nicht genug? Kämpfte er nicht genug? Als er arbeitete, war er schon verloren; das wußte er, er sagte sich offen: wenn ich zu arbeiten aufhöre, bin ich verloren. War es also ein Fehler, daß er zu arbeiten anfieng? Kaum.

Nicht würdig sein. Das wäre selbstverständlich, aber so unwürdig sein, daß –

Er glaubte eine Statue gemacht zu haben, aber er hatte nur immerfort in die gleiche Kerbe geschlagen aus Verbohrtheit, aber noch mehr aus Hilflosigkeit.

---

sie zerstreute ihn

Die geistige Wüste. Die Leichen der Karawanen Deiner früheren und Deiner späteren Tage.

Nichts, nur Bild, nichts anderes, völlige Vergessenheit.

In der Karawanserei war niemals Schlaf, dort schlief niemand; aber wenn man dort nicht schlief, warum gieng man hin? Um das Tragvieh ausruhn zu lassen. Es war nur ein kleiner Ort, eine winzige Oase, aber sie war ganz von der Karawanserei ausgefüllt und die war nun allerdings riesenhaft. Es war für einen Fremden, so schien es mir wenigstens, unmöglich sich dort zurechtzufinden. Die Bauart verschuldete das auch. Man kam z. B. in den ersten Hof, aus dem führten etwa zehn Meter von einander entfernt zwei Rundbögen in einen zweiten Hof, man gieng durch den einen Bogen und kam nun statt in einen neuen großen Hof, wie man erwartet hatte, auf einen kleinen finstern Platz zwischen himmelhohen Mauern, erst weit in der Höhe sah man beleuchtete Loggien. Nun glaubte man sich also geirrt zu haben und wollte in den ersten Hof zurückgehn, man ging aber zufällig nicht durch den Bogen zurück durch den man gekommen war, sondern durch den zweiten nebenan. Aber nun war man doch nicht auf dem ersten Platz, sondern in einem andern viel größeren

Hof voll Lärm, Musik und Viehgebrüll. Man hatte sich also geirrt, ging wieder auf den dunklen Platz zurück und durch den ersten Türbogen. Es half nichts, wieder war man auf dem zweiten Platz und man mußte durch einige Höfe sich durchfragen ehe man wieder in den ersten Hof kam, den man doch eigentlich mit paar Schritten verlassen hatte. Unangenehm war nun, daß der erste Hof immer überfüllt war, dort konnte man kaum ein Unterkommen finden. Es sah fast so aus, als ob die Wohnungen im ersten Hof von ständigen Gästen besetzt seien, aber es konnte doch in Wirklichkeit nicht sein, denn hier wohnten nur Karawanen, wer hätte sonst in diesem Schmutz und Lärm leben wollen oder können, die kleine Oase gab ja nichts her als Wasser und war viele Meilen von größeren Oasen entfernt. Also ständig wohnen, leben wollen, konnte hier niemand, es wäre denn der Besitzer der Karawanserei und seine Angestellten, aber die habe ich, trotzdem ich einigemal dort gewesen bin, nie gesehn, auch nichts von ihnen gehört. Es wäre auch schwer vorzustellen gewesen, daß wenn ein Besitzer vorhanden war, er solche Unordnung, ja Gewalttaten zugelassen hätte, wie sie dort üblich waren bei Tag und Nacht. Ich hatte vielmehr den Eindruck, daß die jeweilig stärkste Karawane dort herrschte und dann nach der Stärke abgestuft die andern. Allerdings alles wird dadurch nicht erklärt. Das große Eingangstor z. B. war gewöhnlich fest verschlossen, es Karawanen öffnen, die kamen oder giengen, war immer eine geradezu feierliche Handlung, die man auf umständliche Weise erwirken mußte. Oft standen Karawanen draußen stundenlang im Sonnenbrand ehe man sie einließ. Das war zwar offene Willkür, aber man kam ihr doch nicht auf den Grund. Man stand also draußen und hatte Zeit die Umrahmung des alten Tores zu betrachten. Es waren rings um das Tor in zwei, drei Reihen Engel in Hochrelief die Fanfaren bliesen, eines dieser Instrumente, gerade auf der Höhe der Torwölbung, ragte tief genug in die Toreinfahrt hinab. Die Tiere mußten immer vorsichtig herumgeführt werden, daß sie nicht daran schlugen, es war merkwürdig, insbesondere bei der Verfallenheit des ganzen Baus, daß diese allerdings schöne Arbeit gar nicht beschädigt war. Vielleicht hängt es damit zusammen, daß

Das ist ein Leben zwischen Kulissen. Es ist hell, das ist ein Morgen im Freien, dann wird gleich dunkel und es ist schon Abend. Das ist kein komplicierter Betrug, aber man muß sich fügen, solange man auf den Brettern steht. Nur ausbrechen darf man, wenn man die Kraft hat, gegen den Hintergrund zu, die Leinwand durchschneiden und zwischen den Fetzen des gemalten Himmels durch, über einiges Gerümpel hinweg in die wirkliche enge dunkle feuchte Gasse sich flüchten, die zwar noch immer wegen der Nähe des Teaters Teatergasse heißt, aber wahr ist und alle Tiefen der Wahrheit hat.

Dieses unbehauene Stück Holz soll eine Flöte sein?
Sieh diese Hände

»Auf diesem Stück gekrümmten Wurzelholzes willst Du jetzt Flöte spielen?«
»Ich hätte nicht daran gedacht, nur weil Du es erwartest will ich es tun.«
»Ich erwarte es?«
»Ja, denn im Anblick meiner Hände sagst Du Dir, daß kein Holz widerstehen kann nach meinem Willen zu tönen.«
»Du hast Recht.«

In einer Zwischenströmung treibt ein Fisch und blickt ängstlich-freudig nach unten wo es sich klein im tiefen Schlamme regt und dann ängstlich-freudig nach oben, wo es sich groß in den hohen Gewässern bereit macht.

———————

Am Abend schlug er die Tür seines Geschäftes zu und lief empor wie in eine Singspielhalle.

———————

Läufst Du immerfort vorwärts, plätscherst weiter in der lauen Luft, die Hände seitwärts wie Flossen, siehst flüchtig im Halbschlaf der Eile alles an woran Du vorüberkommst, wirst Du einmal auch den Wagen an Dir vorüberrollen lassen. Bleibst Du aber fest, läßt mit der Kraft des Blicks die Wurzeln wachsen tief und breit, nichts kann Dich beseitigen und es sind doch keine Wurzeln, sondern nur die Kraft Deines zielenden Blicks, dann wirst Du auch die unveränderliche dunkle Ferne sehn, aus der nichts kommen kann, als eben nur einmal der Wagen, er rollt heran, wird immer größer, wird in dem Augenblick, in dem er bei Dir eintrifft, welterfüllend und Du versinkst in ihm wie ein Kind in den Polstern eines Reisewagens, der durch Sturm und Nacht fährt.

———————

Ihr sollt Euch kein Bild –.

———————

Es war eine kleine Gesellschaft im engen Zimmer am Abend beim Tee. Ein Vogel umflog sie, ein Rabe, zupfte den Mädchen die Haare und tauchte den Schnabel in die Tassen. Sie kümmerten sich nicht um ihn, sangen und lachten, da wurde er kühner,

Die Mühseligkeit

―――――

»Unterrichte die Kinder«, sagte man mir. Das kleine Zimmer war übervoll. Manche wurden so an die Wand gedrückt, daß es beängstigend aussah, sie wehrten sich allerdings und drängten die andern zurück, so war die Masse immerfort in Bewegung. Nur einige größere Kinder, die die andern überragten und nichts von ihnen zu fürchten hatten, standen ruhig an der Hinterwand und blickten zu mir herüber. Ich

―――――

Es waren die Peitschenherren beisammen, starke aber schlanke Herren, immer bereit, sie hießen Peitschenherren, aber sie hatten Ruten in den Händen, an der Rückwand des Prunksaales standen sie vor und zwischen den Spiegeln. Ich trat mit meiner Braut ein, es war Hochzeit. Aus einer engen Tür uns gegenüber kamen die Verwandten hervor, sie drehten sich hervor, umfangreiche Frauen, links neben ihnen kleinere Männer in hochgeschlossenen Feströcken mit kurzen Schritten. Manche der Verwandten hoben vor Staunen über meine Braut die Arme, aber es war noch still.

Ein Philosoph trieb sich immer dort herum wo Kinder spielten. Und sah er einen Jungen, der einen Kreisel hatte lauerte er schon. Kaum war der Kreisel in Drehung, verfolgte ihn der Philosoph um ihn zu fangen. Daß die Kinder lärmten und ihn von ihrem Spielzeug abzuhalten suchten kümmerte ihn nicht, hatte er den Kreisel, solange er sich noch drehte, gefangen, war er glücklich, aber nur einen Augenblick, dann warf er ihn zu Boden und ging fort. Er glaubte nämlich, die

Erkenntnis jeder Kleinigkeit, also z. B. auch eines sich drehenden Kreisels genüge zur Erkenntnis des Allgemeinen. Darum beschäftigte er sich nicht mit den großen Problemen, das schien ihm unökonomisch, war die kleinste Kleinigkeit wirklich erkannt, dann war alles erkannt, deshalb beschäftigte er sich nur mit dem sich drehenden Kreisel. Und immer wenn die Vorbereitungen zum Drehen des Kreisels gemacht wurden, hatte er Hoffnung, nun werde es gelingen und drehte sich der Kreisel, wurde ihm im atemlosen Laufen nach ihm die Hoffnung zur Gewißheit, hielt er aber dann das dumme Holzstück in der Hand, wurde ihm übel und das Geschrei der Kinder, das er bisher nicht gehört hatte und das ihm jetzt plötzlich in die Ohren fuhr, jagte ihn fort, er taumelte wie ein Kreisel unter einer ungeschickten Peitsche.

Sie standen plötzlich da, in einer Reihe, zehn. Sie waren fast alle gleich, hagere, dunkle, kahlrasierte Gesichter mit Geierschnäbeln statt Nasen. Es sind gar keine Menschen, fiel einem bald ein, gibt es Menschen mit derartig eingefallenen Wangen, in deren Höhlung die Haut faltig hinabhängt.

Zwanzig kleine Totengräber, keiner größer als ein durchschnittlicher Tannenzapfen, bilden eine selbstständige Gruppe. Sie haben eine Holzbaracke im Bergwald, dort ruhen sie von ihrer schweren Arbeit aus. Es ist dort viel Rauch, Geschrei und Gesang, wie es eben ist, wenn zwanzig Arbeiter beisammen sind. Wie fröhlich diese Leute sind! Niemand bezahlt sie, niemand rüstet sie aus, niemand hat ihnen einen Auftrag gegeben. Auf eigene Faust haben sie sich ihre Arbeit erwählt, auf eigene Faust führen sie sie aus. Es gibt noch Mannesgeist in unserer Zeit. Nicht jeden würde ihre Arbeit befriedigen, vielleicht befriedigt sie auch diese Leute nicht ganz, aber sie lassen nicht ab vom einmal gefaßten Entschluß, sie sind ja gewöhnt die schwersten Lasten durch das dichteste Gebüsch zu zerren. Von Morgen bis Mitternacht dauert der Festlärm. Die einen erzählen, die andern singen, es gibt auch welche die stumm die Pfeife rauchen, alle aber helfen der großen Schnapsflasche den Tisch umwandern. Um Mitternacht erhebt sich der Führer und schlägt auf den Tisch, die Männer nehmen ihre Mützen vom Nagel; Seile, Schaufeln und Hacken aus der Ecke, sie ordnen sich zum Zuge, immer zwei und zwei.

———————

Wo ist F.? Ich habe ihn schon lange nicht gesehn.

F.? Sie wissen nicht, wo F. ist? F. ist in einem Labyrint, er wird wohl kaum mehr herauskommen.

F.? Unser F.? F. mit dem Vollbart?

Ebender.

In einem Labyrint?

Ja.

Ich sah aus dem Fenster, müde, halb lag ich. An der Kirchenecke bog ein Bekannter ein, ein Kaufmann, ein alter Mann mit schütterem langen Bart. Er bemerkte mich, freute sich offenbar mich zu sehn und rief, ob ich nicht mitkommen wolle,

---

Nun entschied es sich und wir landeten. Es war Vollmond und kühl. Wir sprachen nicht, eigentlich nur weil es

---

Auf einem Spaziergang am Sonntag war ich weiter vor die Stadt gekommen, als ich eigentlich gewollt hatte. Und als ich so weit war, trieb es mich noch weiter. Auf einer Anhöhe stand eine alte viel gekrümmte aber nicht sehr große Eiche. Sie erinnerte mich irgendwie daran, daß es nun endlich aber Zeit sei zurückzukehren. Es war schon genug abendlich geworden. Ich stand vor ihr, strich über ihre harte Rinde und las zwei eingeritzte Namen. Ich las sie aber ohne mir sie zu merken, es war wie ein kindlicher Trotz, der mich, wenn ich schon nicht weitergehen sollte wenigstens hier festhielt, um mich nicht zurückgehn zu lassen. Man ist manchmal im Bann solcher Kräfte, man kann ihn leicht zerreißen, es ist ja nur etwas wie ein zarter Scherz eines Fremden, aber es war Sonntag, nichts war zu versäumen, ich war schon müde und ergab mich deshalb in alles.

Nun erkannte ich daß einer der Namen Josef war und erinnerte mich eines Schulfreundes der so geheißen hatte. In meiner Erinnerung war er ein kleiner Junge, der kleinste der Klasse vielleicht, er war einige Jahre neben mir in der gleichen Bank gesessen. Er war häßlich gewesen, selbst uns, die wir doch damals mehr Kraft und Geschicklichkeit – und beides hatte er – als Schönheit zu beurteilen verstanden, erschien er sehr häßlich.

Wir liefen vor das Haus. Es stand dort ein Bettler mit einer Harmonika. Sein Kleid, eine Art Talar, war unten so in Fetzen, wie wenn der Stoff ursprünglich von einem Tuchstück nicht abgeschnitten sondern roh mit Gewalt abgerissen worden wäre. Und es stimmte dazu irgendwie die verwirrte Miene des Bettlers, der aus einem tiefen Schlaf geweckt zu sein schien und sich mit aller Anstrengung nicht zurechtfinden konnte. Es war wie wenn er immer von neuem einschliefe und immer von neuem geweckt wurde.

Wir Kinder wagten nicht ihn anzusprechen und wie sonst Bettelmusikanten um ein Lied zu bitten. Auch lief er uns immerfort mit den Augen ab, als bemerke er zwar unsere Anwesenheit, könne uns aber nicht so genau erkennen, wie er wollte.

Wir warteten also, bis der Vater kam. Er war hinten in der Werkstatt, es dauerte ein Weilchen, ehe er den langen Flur durchschritt. »Wer bist Du?« fragte er im Näherkommen laut und streng, sein Blick war mürrisch, vielleicht war er mit unserem Verhalten dem Bettler gegenüber unzufrieden, aber wir hatten doch nichts getan und jedenfalls noch nichts verdorben. Wir wurden womöglich noch stiller. Es war überhaupt ganz still, nur die Linde vor unserem Haus rauschte.

»Ich komme aus Italien«, sagte der Bettler, aber nicht wie eine Antwort, sondern wie ein Schuldbekenntnis. Es war als

erkenne er in unserem Vater seinen Herrn. Die Harmonika
drückte er an seine Brust.

⟨...⟩ mir ihn aufzuheben. Ich tat es und er sagte: »Ich bin
auf einer Reise, stören Sie mich nicht, öffnen Sie Ihr Hemd
und nähern Sie mich Ihrem Körper.« Ich tat es, er machte
einen großen Schritt und verschwand in mir wie in einem
Haus. Ich streckte mich wie in einer Beengung, es kam mich
fast eine Ohnmacht an, ich ließ den Spaten fallen und gieng
nachhause. Dort saßen bei Tisch Männer und aßen aus der
gemeinsamen Schüssel, die zwei Frauen waren beim Herd
und Waschtrog. Ich erzählte gleich was mir geschehen war,
ich fiel dabei nieder auf die Bank bei der Tür, alle standen um
mich. Man holte einen vielbewährten Alten von einem nahen
Gut. Während man auf ihn wartete, kamen Kinder zu mir,
wir reichten einander die Hände, verschränkten die Finger,

Ein großes Fahnentuch lag auf mir, ich arbeitete mich mühselig hervor. Ich fand mich auf einer Anhöhe, Wiesenland
und kahler Felsen wechselten ab. Ähnliche Anhöhen zogen
sich wellenförmig nach allen Himmelsrichtungen, die Aussicht gieng weithin, nur im Westen löste Dunst und Glanz
der untergehenden Sonne alle Formen auf. Der erste Mensch
den ich sah war mein Kommandant, er saß auf einem Stein,
die Beine gekreuzt, den Elbogen aufgestützt, den Kopf in
der Hand und schlief.

Einmal erzählte in einer Gesellschaft jemand von meiner
Heimat. Es war kein Landsmann, er wußte auch nicht, daß
ich von dort stammte, er erzählte nur weil er einmal dort

Ich wollte mich im Unterholz verstecken, mit der Hacke bahnte ich mir ein Stück Weges, dann verkroch ich mich und war geborgen.

Anhang

Der Text dieser Taschenbuchausgabe entspricht dem der Kritischen Kafka-Ausgabe. Die unregelmäßige Interpunktion und die manchmal ungewöhnliche Orthographie mögen zunächst befremden, sie beruhen jedoch auf dem Prinzip, die Textgestalt der Handschrift auch im Druck beizubehalten, die Authentizität des dargebotenen Textes durch den möglichst engen Anschluß an die Handschrift zu wahren. Dies bedeutet, daß auch Anomalien, die auf veralteten Regeln, regionalen Formen oder Eigenarten des Autors beruhen, beibehalten wurden. In den Text eingegriffen wurde nur bei offensichtlichen Verschreibungen und ähnlichen Anomalien, die die Lesbarkeit deutlich und unnötig erschweren würden. (Eine vollständige Rechenschaft über die Eingriffe in den Text wird im jeweiligen Apparatband der Kritischen Ausgabe gegeben.)

Die vier Bände, auf die sich in dieser Ausgabe die nachgelassenen Schriften und Fragmente verteilen, enthalten jene Manuskripte Kafkas, die weder den drei Romanen noch den Tagebüchern und Briefen zuzurechnen sind. Die Textwiedergabe folgt der chronologischen Ordnung der Handschriften, und zwar so, daß die Textfolge und die Textzusammenhänge der von Kafka verwendeten originalen Schriftträger – also der Kafkaschen Hefte, Einzelblätter und Konvolute von losen Blättern – erhalten blieb.

Die Textwiedergabe folgt der Handschrift des Autors in ihrem letzten erkennbaren Zustand. Vollendete und fragmentarische Texte sowie konkurrierende Textfassungen werden gleichberechtigt behandelt und ihrem Ort in der

Handschrift entsprechend abgedruckt. Im Unterschied zur Edition von Max Brod wurde hier also keine Textauswahl aus verschiedenen Manuskripten getroffen, sondern der Entstehungszusammenhang der Texte gewahrt. Von Kafka gestrichene Texte und Textpassagen sind in dieser Ausgabe nicht enthalten. (Zu ihnen sei auf das Variantenverzeichnis im jeweiligen Apparatband der Kritischen Ausgabe verwiesen.)

Graphische Besonderheiten der Handschrift bleiben in der Regel unberücksichtigt; Neueinsatz des Schreibens auf neuer Manuskriptseite nach längerer Unterbrechung sowie Wechsel der Schreibrichtung (z. B. Neubeginn in einem bereits benutzten Schreibheft vom hinteren Heftende her) werden im Druck durch Beginn auf neuer Seite nachgebildet.

Aus den genannten Prinzipien ergibt sich, daß Texttitel nur dann wiedergegeben werden, wenn sie von Kafka stammen. Um das Auffinden von in der Handschrift unbetitelten Texten zu erleichtern, die von Kafka anderswo mit Titel genannt oder erwähnt werden oder die aufgrund ihrer Druckgeschichte unter einem nicht von Kafka herrührenden Titel bekannt sind, ist diesem Band ein Verzeichnis beigegeben, das auf die entsprechenden Fundstellen in den Bänden der vorliegenden Taschenbuchausgabe verweist.

Einschaltungen des Herausgebers stehen in dieser Ausgabe kursiv; in wenigen Fällen werden unsichere Lesungen durch kursive eckige Klammern bezeichnet; Hinweise zum Text stehen in kursiven Spitzklammern.

Nachbemerkung
von Roger Hermes

In diesem Band werden jene Texte Franz Kafkas dargeboten, die etwa zwischen dem Winter 1917/18 und dem Frühjahr/ Frühsommer 1922 entstanden sind. (Zur Entstehung und Datierung der Manuskripte siehe den Apparatband zu ›Nachgelassene Schriften und Fragmente II‹ der Kritischen Kafka-Ausgabe.) Bemerkenswert ist nicht nur die große Zahl der in diesem Zeitraum entstandenen Texte und Fragmente, sondern auch die Vielfalt ihrer Themen und die Fülle der auftretenden Motive. In engem Zusammenhang mit ihrer Entstehung und ihrem Charakter stehen die inneren und äußeren Faktoren, die Kafkas Leben in jenen Jahren bestimmten.

Im September 1917 wurde bei Kafka eine Lungentuberkulose diagnostiziert. Unter dem Eindruck seiner Erkrankung schreibt er im November 1917 an seinen Freund Max Brod: »Ich habe in der Stadt, in der Familie, dem Beruf, der Gesellschaft, der Liebesbeziehung ... der ... Volksgemeinschaft, in dem allen habe ich mich nicht bewährt« und faßt damit in knappster Form das Ergebnis einer rückblickenden Selbstbefragung zusammen. Die Lungentuberkulose ist dabei für ihn nur den äußeren Symptomen nach eine physische Erkrankung; ihre tatsächliche Ursache – und damit ihre innere Sinngebung – sieht Kafka in dem für ihn unauflösbaren (also letztendlich fatalen) Konflikt der Bewährung in der Gemeinschaft und der Bewährung im Schreiben; die innere Befindlichkeit hat nun auch ihre äußere Manifestation gefunden. Die unmittelbarste Konsequenz dieser Überlegungen war zunächst die Lösung des zweiten Verlöbnisses mit Felice

Bauer, außerdem versuchte Kafka – mit dem Hinweis auf seine Erkrankung – die Pensionierung durch die Arbeiter-Unfall-Versicherungs-Anstalt und damit die Befreiung vom lästigen Brotberuf zu erreichen. Doch so wie ihm die Pensionierung zunächst nicht gewährt wird, so kann Kafka auch nicht der Beziehung zu einer Frau ausweichen. Während eines Landaufenthaltes von Januar bis März 1919 in Schelesen, dem Ort, wo er im November desselben Jahres den ›Brief an den Vater‹ schreibt, lernt er Julie Wohryzek, eine Prager Jüdin, kennen. Bereits im Sommer 1919 verlobt er sich mit ihr; die geplante Heirat wird aber von Kafkas Vater auf das schärfste verurteilt und abgelehnt (vgl. ›Brief an den Vater‹, S. 56f.). Die Heiratspläne scheitern, und die Beziehung wird von Kafka im Sommer 1920 beendet – wohl auch unter dem Eindruck der Bekanntschaft mit Milena Jesenská, einer tschechischen Journalistin. Mit ihr führt Kafka – wie zuvor mit Felice Bauer – einen regen Briefwechsel. Doch einer gemeinsamen Zukunft bringt er ähnliche Zweifel und Bedenken entgegen, wie er es auch seiner zweimaligen Verlobten gegenüber in seinen Briefen getan hatte. Überdies war Milena Jesenská verheiratet und wollte (oder konnte) die Ehe mit Ernst Pollak nicht beenden. Das Scheitern auch dieser Beziehung mußte zu einer Verstärkung der in Kafka ohnehin angelegten Selbstzweifel und Verunsicherungen führen.

Ähnliche Verunsicherungen können auch im weiteren Lebensumfeld Kafkas angenommen werden. Mit der Niederlage der österreichisch-ungarischen Armee im Weltkrieg ist das Ende des Vielvölkerstaates besiegelt und die tschechischen Autonomiebestrebungen finden ihr Ziel in der Gründung einer unabhängigen Republik. Tschechisch wird Amtssprache in der Verwaltung und somit auch in Kafkas Dienststelle. Es kommt in Prag wie in anderen Teilen des Landes zu antisemitischen Demonstrationen und zu Ausschreitungen gegen die deutsche Minderheit. Das Ende der Donaumonarchie steht auch für das Ende eines sozialen, politischen und kulturellen Gefüges, in dem Kafka aufgewachsen war und das ihn geprägt hatte.

Es sind – natürlich neben anderen – diese Ereignisse und Entwicklungen im engeren und im weiteren Lebenskreis, die auf Kafkas Schreiben in mancherlei Hinsicht in diesen Jahren einwirken; die mittelbaren und unmittelbaren Einflüsse und Konsequenzen lassen sich in literarischer Umformung an vielen Stellen nachweisen. So setzt sich Kafka in mehreren Texten und Ansätzen zu solchen mit den Begriffen Macht, Herrschaft, Autorität und Herrschaftsstruktur auseinander und reflektiert über ihre Erscheinungsformen und ihre Legitimation nicht nur in gesellschaftlicher, sondern auch in persönlicher Hinsicht. Möglicherweise ein Ergebnis der Erfahrungen der politischen und gesellschaftlichen Umbrüche jener Jahre einerseits und der erneuten und überdeutlich wahrgenommenen persönlichen Abhängigkeiten und Machtverhältnisse in der Beziehung zum Vater andererseits.

In einigen kürzeren Texten und Textsplittern werden – wohl unter dem Eindruck der gescheiterten Heiratspläne – die Themen Liebe und Ehe behandelt. Hier wird über vergangene und gegenwärtige Liebesbeziehungen reflektiert, über ihr Scheitern und ihre nahezu paradoxe Unmöglichkeit – die allerdings vom Ich-Erzähler selbst herbeigeführt wird. Am auffälligsten in dieser Reihe ist sicherlich der fragmentarische Text, der eine Frau zwischen zwei Männern zeigt (vgl. S. 137–138). Der hier beschriebene Kampf um eine Frau dürfte seine Entsprechung in Kafkas eigener Beziehung zu der verheirateten Milena Jesenská haben.

In den Texten, in denen Kafka in verhüllter Form Betrachtungen über sein Schaffen anstellt, und in denen das Schreiben über das Schreiben zur Literatur wird (solche Texte lassen sich in Kafkas Werken immer wieder nachweisen), finden sich in diesen Jahren hauptsächlich drei Motivkreise: aus dem militärischen Bereich, aus dem Berg- bzw. Ackerbau und aus dem Bereich des Städtebaus entlehnte Motive. Die zunächst eigentümlich anmutende Verwendung von militärischen Bildern für sein Schreiben läßt sich wahrscheinlich aus Kafkas Wunsch erklären, aktiv als Soldat am Krieg teilzunehmen und damit (nach seiner Ansicht) einen Weg in die Gemeinschaft und eine Sinngebung für sein Leben zu finden. Wurde er zunächst aufgrund seiner Tätigkeit in der Arbeiter-Unfall-Versicherungs-Anstalt vom Militärdienst freigestellt, machte später seine Erkrankung den Dienst unmöglich. Noch nach Jahren erklärt Kafka Milena Jesenská gegenüber sein Schreiben zum »Kriegsdienst« (Brief vom 26. 8. 1920).

Die später in seinen Texten auftretende Motivik des Akker- bzw. Bergbaus findet ihre Entsprechung in Kafkas Streben nach einer landwirtschaftlichen Betätigung, die ihm freilich ebenso wie der Militärdienst aufgrund seines Gesundheitszustandes verwehrt bleiben muß. Darüber hinaus schien Kafka wohl dieses Motiv des Umgrabens, des Freilegens von etwas, das unter der Oberfläche verborgen ist, als besonders geeignet, die Suche nach dem literarischen Einfall zu versinnbildlichen.

Hinsichtlich des Motivs »Städtebau« läßt sich anmerken, daß hier das Problem der Planung und Organisation eines komplexen Ganzen, aber auch der Gedanke der Unzulänglichkeit des Baumeisters im Mittelpunkt stehen und sich Parallelen zwischen »Bauen« und »Schreiben« ziehen lassen.

Unter den in diesem Band veröffentlichten Texten nimmt der ›Brief an den Vater‹ in vielerlei Hinsicht eine Ausnahmestellung ein. Seinem Charakter nach ist er zunächst kein literarisches, sondern ein lebensgeschichtliches Dokument, doch die Rezeptionsgeschichte hat ihm sicherlich auch einen literarischen Status zugewiesen. »Liebster Vater, Du hast mich letzthin einmal gefragt, warum ich behaupte, ich hätte Furcht vor Dir. Ich wußte Dir, wie gewöhnlich, nichts zu antworten«, beginnt Kafka (S. 10) und beantwortet dann die Frage in einem (in der Handschrift) 103-seitigen Brief. In einer beklemmenden Rückschau untersucht er das Vater-Sohn-Verhältnis, spricht von den Kindheitserlebnissen, deren Schrecken noch den 36jährigen quälen, zeigt die Auswirkungen, die des Vaters Ansprüche (auch als Repräsentant einer gesellschaftlichen Gruppe) auf alle Bereiche seines Lebens hatten und haben. Indem Kafka beschreibt, wie er sich durch seine Heiratsabsichten, durch die Hinwendung zum Judentum und durch die Literatur gegenüber der übermächtigen Gestalt des Vaters zu behaupten versucht, formuliert er Erzählungen wie ›Das Urteil‹ oder ›Die Verwandlung‹ in diesem Brief neu, entschlüsselt dabei gleichsam das in ihnen enthaltene persönliche Element und tritt hinter der Gestalt eines Georg Bendemann oder Gregor Samsa hervor. »Mein Schreiben handelte von Dir«, lautet denn auch Kafkas Urteil über seine literarischen Arbeiten (S. 47).

So wie Kafka in dem ›Brief an den Vater‹ Rückschau hält, Vergangenes und Gegenwärtiges in ihrer Abhängigkeit erkennt und benennt, so hat auch eine Reihe von in diesem Band vereinten Texten den Charakter der Rückschau. In literarischer Hinsicht rekurriert er sogar auf die sehr viel früher entstandene sogenannte »Türhüter-Legende«, aber voller Schrecken (oder auch Erstaunen) erkennt hier der Protagonist, daß er im Gegensatz zum alten Mann der Legende den ersten Wächter – nahezu beiläufig – hinter sich gelassen hat (vgl. S. 162). Anderes in dem vorliegenden Band ist Dokument der Verunsicherung Kafkas, seiner Suche nach der Sinngebung, seines Tastens nach der literarischen Idee und Form. Schon die Textgestalt verdeutlicht dies: kürzere und längere Fragmente stehen neben Textsplittern und wenigen Wörtern, nur selten finden sich vollendete Texte. Bei seiner Suche muß Kafka erkennen: »Immer wieder verirre ich mich ... mache ich einen Schritt vom Weg bin ich gleich tausend Schritt im Wald, verlassen daß ich umfallen möchte und liegen bleiben für immer« (S. 152).

1883	Franz Kafka wird am 3. Juli als erstes Kind des Kaufmanns Hermann Kafka und seiner Frau Julie, geb. Löwy, in Prag geboren.
1889–1901	Besuch der Volksschule am Fleischmarkt, ab 1893 des Altstädter Deutschen Gymnasiums. Im Sommer 1901 Abitur.
1901–1906	Studium an der Deutschen Universität in Prag; zunächst Besuch von Veranstaltungen in Chemie, Germanistik und Kunstgeschichte, dann Entscheidung für das Jura-Studium.
1902	Im Oktober erste Begegnung mit Max Brod.
1904	Beginn der Arbeit an der ersten Fassung von ›Beschreibung eines Kampfes‹.
1906	Im Juni Promotion zum Doktor der Rechte.
1906–1907	Rechtspraktikum am Landes- und am Strafgericht.
1907	Beginn der Arbeit an der ersten Fassung von ›Hochzeitsvorbereitungen auf dem Lande‹.
1907–1908	Anstellung bei der Versicherungsgesellschaft *Assicurazioni Generali* in Prag.
1908	Im März erste Veröffentlichung: In der Zweimonatsschrift ›Hyperion‹ erscheinen kleine Prosastücke unter dem Titel ›Betrachtung‹; am 30. Juli Eintritt in die *Arbeiter-Unfall-Versicherungs-Anstalt für das Königreich Böhmen in Prag*.
1909	Im Frühsommer Beginn der Eintragungen ins erste Tagebuchheft; im September Reise mit Max und Otto Brod nach Norditalien; es ent-

steht der kurz darauf in der Prager Tageszeitung ›Bohemia‹ publizierte Bericht ›Die Aeroplane in Brescia‹; im Herbst Arbeit an der zweiten Fassung von ›Beschreibung eines Kampfes‹.

1910   Ende März erscheint eine Auswahl kürzerer Prosatexte unter dem Titel ›Betrachtungen‹ in der ›Bohemia‹; im Oktober Reise mit Max und Otto Brod nach Paris.

1911   Im Sommer Reise mit Max Brod in die Schweiz, nach Norditalien und Paris; Ende September Aufenthalt im Sanatorium Erlenbach bei Zürich; Begegnung mit einer mehrere Monate in Prag gastierenden jiddischen Schauspieltruppe.

1912   Im Sommer Reise mit Max Brod nach Leipzig und Weimar, anschließend Aufenthalt im Naturheilsanatorium *Jungborn* bei Stapelburg im Harz; im August erste Begegnung mit der Berlinerin Felice Bauer in Prag, im September Beginn der Korrespondenz mit ihr; es entstehen u.a. die Erzählungen ›Das Urteil‹ und ›Die Verwandlung‹, und Kafka beginnt mit der Niederschrift des Romans ›Der Verschollene‹ (von Max Brod erstmals 1927 unter dem Titel ›Amerika‹ herausgegeben); unter dem Titel ›Betrachtung‹ erscheint im Dezember Kafkas erstes Buch (Ernst Rowohlt Verlag, Leipzig).

1913   Reger Briefwechsel mit Felice Bauer; Ende Mai erscheint ›Der Heizer. Ein Fragment‹ (das erste Kapitel des Romans ›Der Verschollene‹) im Kurt Wolff Verlag in der Buchreihe ›Der jüngste Tag‹, im Juni ›Das Urteil‹ im Jahrbuch ›Arkadia‹; im September Reise nach Wien, Venedig und Riva.

1914	Am 1. Juni offizielle Verlobung mit Felice Bauer in Berlin, am 12. Juli Entlobung; im Juli Reise über Lübeck nach Marielyst; Anfang August Beginn der Niederschrift des Romans ›Der Proceß‹; während der damit einsetzenden Schaffensphase entsteht u. a. die Erzählung ›In der Strafkolonie‹.
1915	Im Januar erste Begegnung mit Felice Bauer nach der Entlobung; ›Die Verwandlung‹ erscheint im Oktoberheft der Zeitschrift ›Die Weißen Blätter‹; Carl Sternheim gibt die Preissumme des ihm verliehenen Fontane-Preises »als Zeichen seiner Anerkennung« an Kafka weiter.
1916	Erneute engere Beziehung zu Felice Bauer, im Juli gemeinsamer Urlaub in Marienbad; Beginn der Aufzeichnungen in Oktavheften; in der Buchreihe ›Der jüngste Tag‹ des Kurt Wolff Verlags erscheint im November ›Das Urteil‹.
1916–1917	Viele kurze Texte (vor allem die später in den Band ›Ein Landarzt‹ aufgenommenen) entstehen in Kafkas Arbeitsdomizil in der Alchimistengasse auf dem Hradschin.
1917	Zweite Verlobung mit Felice Bauer im Juli; im August erste Anzeichen einer Lungenerkrankung, am 4. September Diagnose einer Lungentuberkulose; im Dezember Lösung der zweiten Verlobung.
1917–1918	Genesungsurlaub im nordböhmischen Zürau auf einem von Ottla Kafka bewirtschafteten Bauernhof; Entstehung vieler Aphorismen.
1919	›In der Strafkolonie‹ erscheint im Mai bei Kurt Wolff; im Sommer Verlobung mit Julie Wohry-

zek; im November entsteht der ›Brief an den Vater‹.

1920	Im April Genesungsurlaub in Meran; Beginn des Briefwechsels mit Milena Jesenská; im Mai erscheint bei Kurt Wolff der Band ›Ein Landarzt. Kleine Erzählungen‹; im Juli Lösung des Verlöbnisses mit Julie Wohryzek.
1920–1921	Kuraufenthalt in Matliary in der Hohen Tatra (von Mitte Dezember 1920 bis August 1921).
1922	Von Ende Januar bis Mitte Februar Aufenthalt in Spindelmühle im Riesengebirge; Beginn der Niederschrift des Romans ›Das Schloß‹; außerdem entsteht u. a. ›Ein Hungerkünstler‹; am 1. Juli wird Kafka pensioniert; von Ende Juni bis September Aufenthalt in Planá an der Luschnitz (Böhmerwald).
1923	Im Juli erste Begegnung mit Dora Diamant in Müritz an der Ostsee; im September Übersiedlung von Prag nach Berlin, Lebensgemeinschaft mit Dora Diamant; es entsteht u. a. der Text ›Eine kleine Frau‹.
1924	Verschlechterung des Gesundheitszustandes; im März Rückkehr nach Prag; ›Josefine, die Sängerin oder Das Volk der Mäuse‹ entsteht; im April Aufenthalt im Sanatorium Wiener Wald in Ortmann (Niederösterreich), später in der Klinik von Prof. Hajek in Wien, schließlich Sanatorium Dr. Hugo Hoffmann in Kierling bei Wien; Kafka beginnt mit der Satzkorrektur seines Bandes ›Ein Hungerkünstler‹; am 3. Juni stirbt Franz Kafka; er wird am 11. Juni auf dem jüdischen Friedhof in Prag-Straschnitz bestattet.

Die Übersicht verweist unter den aus anderen Editionen bekannten Titeln und Überschriften auf die entsprechende Textstelle in den Bänden dieser Ausgabe. Sie ist nach dem Wortlaut, d. h. ohne Berücksichtigung der Artikel, alphabetisch geordnet. Von Kafka stammende Überschriften und Titel stehen gerade.

Inhalt

Anhang

Die hier am Ende der Überschrift in eckigen Klammern
stehenden Ziffern entsprechen der Schriftträger-Numerierung
im Band ›Nachgelassene Schriften und Fragmente II‹
der Kritischen Ausgabe.

Franz Kafka
Brief an den Vater
Faksimileausgabe
Herausgegeben und mit einem Nachwort
von Joachim Unseld
Band 12436

Der sogenannte ›Brief an den Vater‹ ist die wichtigste und umfassendste autobiographische Äußerung, die von Franz Kafka überliefert ist. Der im Original über 100 Seiten lange Brief, der »Riesenbrief«, wie der Dichter ihn in einem Schreiben an die Freundin Milena Jesenská nennt, wird heute zur Weltliteratur gezählt und sollte doch nur das private, ja intime Dokument einer persönlichen Beziehung sein. Die Briefhandschrift ist ein einzigartiges Zeugnis: Die Schönheit der Kafkaschen Schriftzüge beeindruckt den Leser und erlaubt zugleich die Wahrnehmung eines persönlich-appellativen Moments der Handschrift als gestischer Sprache.

Fischer Taschenbuch Verlag

fi 199 / 4 a